더 베스트 커리어
THE BEST CAREER

4,021개의 연구 데이터로 도출한
과학적으로 내게 꼭 맞는 직업을 선택하는 방법

THE BEST

더 베스트 커리어

CAREER

스즈키 유 지음 | 이수형 옮김

올댓북스

CONTENT

'좋아하는 일을 직업으로 삼자, 안정적인 업종을 택하자, 프리랜서 야말로 일하기 좋은 방식이다, 능력을 키울 수 있는 회사에 들어가 나만의 강점을 살리자, 흔해지지 않을 직업이 최고다' 등등.

세상에는 다양한 커리어 어드바이스(Career Advice)가 존재한다. 어떤 의견이든 일정한 설득력을 갖기에 '그중 어느 것을 따를지' 망설이는 이들 또한 적지 않다. 하지만 이런 조언이 문제인 건 대부분이 사적 경험이나 기호에 기초했기 때문이다.

좋아하는 일로 성공한 사람일수록 '좋아하는 걸 업(業)으로 삼으라'고 조언한다. 그리고 안정 지향적인 사람일수록 급여와 업무가 정해져 있는 일을 추천한다. 주식으로 큰돈을 번 사람은 적극적인 투자를 조언하고 블로그 운영으로 돈을 번 사람은 블로거를 적극 추천한다. 이런 조언이 어느 정도 참고야 되겠지만, 그렇다고 누구나 성공한다는 보장이 없는 것 또한 엄연한 현실이다.

그렇다면 우리는 아무 단서도 없이 인생의 거센 파도를 넘어야 할까? 모든 것이 불확실한 미래에 그저 맨몸으로 부딪치고 맞서야 할까?

물론 그렇지 않다. 다행히도 1990년대부터 조직심리학, 긍정심리학 등에서 '커리어 선택'에 관한 연구가 꾸준히 진행되어 지금은 제법 정확도 높은 해결책을 제시하고 있다. '당신을 행복하게 만드는 일이란 무엇인가? 그리고 인생에서 올바른 선택을 하기 위해서는 어떻게 해야 하는가?' 이런 의문에 어느 정도까지는 정량적인 해답을 제공할 수 있다. 복잡한 현대 사회를 살아가는 우리가 적합한 직업을 찾고 싶나면, 그동안 선배 세대들이 쌓아온 지혜와 노하우를 잘 살려야 할 것이다.

그렇다 해도 통계적인 데이터는 어디까지나 '우리 인생을 대략적으로나마 파악하기 위한 툴(도구)'일 뿐이다. 따라서 본인 스스로 그 범위에 해당되는지를 확인하기 위해서는 매일매일의 삶에서 시행착오를 반복해가며 깨닫는 수밖에 없다.

즉, 앞으로 이야기할 연구 결과를 현실에 적용하기 위해서는 당신의 가치관이나 라이프스타일을 조합한, 자신만의 '적합한 직업 선택법'을 도출해낼 필요가 있다. 바로 그 구체적인 방법을 전하는 게 이 책의 목적이다. 불확실한 인생에서 당신이 적절한 길을 찾는 데 도움이 된다면 그 이상의 보람은 없을 것 같다.

STEP

0

Prologue

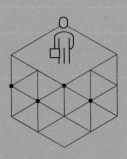

내게 꼭 맞는 직업을
선택하는 방법

"봐야 할 곳을 보지 않기 때문에
중요한 것을 놓치는 법이다."

- 아서 코난 도일(Arthur Conan Doyle, 1859~1930) / 영국 작가

우리가 직업 선택에서
실패하는 이유

커리어에 관한 후회는
곧 인생에 대한 후회!

"왜 더 나은 일을 찾지 못했을까?"

"그런 직장은 진작 그만두었어야 했는데,,,"

둘 다 이직에 실패한 사회인의 넋두리 같지만, 사실 이는 100세 가까운 노인들이 털어놓은 고백이다. 2012년 코넬대가 노인 1,500명에게 '인생에서 가장 후회되는 일'을 물었을 때 가장 많이 답한 것이 '커리어에 관한 미련, 후회'였다.[1]

비슷한 연구는 전 세계 곳곳에서 이뤄졌지만 그 결과는 어디나 비슷했다. 특히 일본에서는 '너무 일, 일 하고 살았다'거나 '일에 너무 빠져 살다 보니 사생활이 없었다'고 답한 노인들이 많았다. 이를 통해 '일과 사생활이 과도하게 밀착된' 특유의 국민성을 엿볼 수 있다.

이 밖에 '친구를 소중히 여기지 못했다'거나 '시간을 제대로 활용하지 못했다', '내 감정을 속이고 행동했다'는 답도 있었지만, 그 비중은 직업 선택에 관한 후회보다 작았다. '승진에 눈이 멀어 동료들에게 미움을 샀다', '장시간 노동으로 건강을 해쳤다', '힘든 일에서 도망쳤다' 등등 노인들 대부분은 인생 막바지에 이르기까지 자신의 커리어 선택을 후회하고 있었다.

물론 직업 선택에 관한 고민은 현역 세대들도 마찬가지다. 36만 5,000명을 대상으로 한 후생노동성 조사에서는 '입사 3년 안에 회사를 그만둔 이의 비율이 대졸자 중에서도 30% 이상을 기록했다.' 이것이 '전향적인 형태의 이직'이라면 문제없겠지만, '생각했던 일과 실제 내용이 달랐다'가 이직 동기 중 1위를 기록했다. 이 밖에도 적합한 직업 선택에 실패한 케이스가 다수를 점하고 있다.

또 유럽이나 미국, 아시아권에서 이뤄진 2만여 건의 조사에 따르면 '헤드헌팅을 통해 타사 관리직이나 간부직으로 옮긴 이들 가운데 약 40%는 18개월 안에 해고되든지, 자기 적성에 안 맞는 걸 깨닫고 스스로 그만두었다.'

이처럼 우리가 직업 선택에 어려움을 겪는 이유는 무엇일까? 자기 삶과 미래를 좌우하는 가장 중요한 일에서 이렇게 잘못된 판단을 내리는 이유는 무엇일까?

취업, 이직 실패의 70%가 '시야 협착'

그 근본적인 원인을 알아보기 위해 우선 하버드대 비즈니스스쿨이 실시한 조사 결과를 살펴보자.[2]

이 연구는 전 세계 40개국의 헤드헌터 및 인사 부문 책임자 1,000명 이상을 인터뷰한 결과다. 실제 이직 사례 중에서 일터를 바꾼 뒤 이전과 같은 업무 능력을 발휘할 수 없었거나, 인생 만족도가 떨어진 이들에게서 공통 요소를 찾아냈다. 쉽게 말해 '적합한 일을 찾지 못해 후회한 이들의 공통점을 조사한' 것이다.

그 결과를 한 마디로 정리하면 다음과 같다.

● 취업과 이직 실패의 약 70%는 '시야 협착' 때문이었다

여기서 '시야 협착'은 '어떤 사안의 한 면에만 주목해 나머지 가능성을 아예 생각하지 못하는 상태'를 뜻한다. 해당 조사에서 가장 많이 범한 실패 사례는 놀랍게도 '사전 조사를 잘하지 못했다'는 것이다.

보통 우리는 직업을 선택할 때 철저한 사전 조사를 해야 한다고 생각한다. 만일 친구가 '직감으로 이직할 회사를 정했다'고 하면 누구든 '더 철저히 알아보라'고 충고할 것이다. 하지만 그것이 자기 일이 된다면? 우리 대부분은 충분한 조사를 하지 않기 쉽다.

헤드헌터들의 증언에 따르면 이직할 기업에서 '실적이 어떻게 조사, 평가되는지', 그리고 '업무 재량권은 얼마나 확보되는지'를 제대로

문는 이가 의외로 적다고 한다. 그들 스스로 '이미 충분한 정보를 얻었다'고 판단했든지, 아니면 '내 판단은 틀리지 않다'고 확신한 건지는 몰라도 대부분 '적합한 직업 선택'이라는 중요한 과정에서 폭넓게 보지 못하는 경향이 있었다.

'시야 협착'은 우수한 사람에게도 충분히 일어날 수 있다

하버드대 비즈니스스쿨 연구팀은 이 밖에도 시야 협착의 대표적인 패턴을 3가지 들고 있다.

- 돈에 낚었다

연봉 상승의 유혹에 이끌려 이직을 결정했거나 오로지 연봉만을 고려해 이직한 케이스. 수입이 늘어나는 것까진 좋은데, 전 직장에서 만든 인맥이나 연줄 자체를 잃어버리는 경우가 많다.

- '도피하는 마음'으로 정했다

지금 하는 일에 불만이 쌓여 '장래를 위해서'가 아니라 '그저 도피하는 마음'으로 여러 회사를 전전하는 케이스. 소속되어 있는 회사를 개선하는 데는 관심이 없어 (잦은 이직으로) 수입까지 줄어드는 경우가 많다.

자기 평가가 지나치게 높아 '나는 어떤 회사든 갈 수 있다'거나 '지금 있는 회사에 문제가 있다'는 식으로 단정지어 버리는 케이스. 이 경우 사실은 본인 스스로에게 문제가 있거나 혹은 현 직장의 장점에 대해서는 아예 생각하지 않는 경우가 많다.

반대로 자신감이 너무 없어 '저런 회사가 날 뽑아줄 리 없다'고 단정지어 더 나아질 가능성을 스스로 저버리는 경우도 적지 않다.

이런 상황에서는 일부 사항만 보게 되어 다양한 선택지 자체를 배제시켜버린다. 머릿속이 '검은색, 아니면 흰색'이라는 2가지 기준밖에 없어 더 나은 가능성을 생각하기 힘든 상태다.

시야 협착 때문에 잘못 선택하는 현상은 모든 상황에서 존재하고, 이는 어느 정도 머리가 좋은 사람도 결코 피할 수 없는 문제다. 오하이오주립대가 일류기업에서 일하는 CEO(최고경영자)나 COO(최고운영책임자)를 조사한 연구 결과에서도 비슷한 사례를 발견할 수 있다. 168건에 달하는 그들의 최종 선택 결과를 통해 '새로운 비즈니스 모델을 차용할지', 혹은 '다른 회사에서 우수한 인재를 데려올지' 같은 의사 결정의 성공 여부를 조사했다.[3]

그 결과는 놀라웠다. 의사 결정 시 3개 이상의 선택지를 살펴본 이는 단 29%뿐. 대부분은 '우수한 인재를 데려올까 말까', '새로운 비즈니스 모델을 차용할까 말까' 같은 양자 선택지만을 생각했다. 당연히 그렇게 (대충) 내린 선택이 좋은 결과를 가져올 리 없다. 해당 데이터에 따르면 '양자 선택지민으로 의사 결정을 내린 경우 실패율이 52%에 달했다'고 한다. 이에 반해 '3개 이상의 선택지를 준비한 경우 실패율은 32%까지 내려갔다.' 이러한 조사에서 우리가 얻을 수 있는 교훈은 매우 심플하다. '직업을 선택할 때는 더 철저히 알아보고 생각해야 한다.'는 것이다.

너무 평범한 결론 같지만, 앞서 살펴본 대로 많은 이들이 중요한 직업 선택에서조차 놀라울 만큼 시야가 좁아진다. 이를 거꾸로 말하면, 앞으로 이 책이 전할 '과학적으로 내게 맞는 직업을 선택하는 사고법'을 제대로 실천한다면 '직업 선택의 실패율'은 크게 줄어들 것이다.

우리 뇌는
직업 선택에 맞지 않다

그렇다면 직업 선택이라는 중대한 국면에서 우리 시야는 왜 이렇게 좁아질까?

다행히도 최근 직업 선택에 관한 연구가 활발히 이뤄져 이에 대한 답이 나왔다. 이때 나온 결론과 노하우를 종합해보면, 우리가 커리어를 잘못 선택하는 이유는 크게 2가지로 나뉜다.

① 우리 뇌에는 직업 선택을 위한 '프로그램'이 갖춰져 있지 않다.
② 우리 뇌에는 직업 선택을 잘못된 방향으로 이끄는 '버그'가 존

재한다.

먼저 우리 인간에게는 자신에게 적합한 일을 선택하는 능력 자체가 갖춰져 있지 않다. 왜냐하면 직업 선택이란 문제는 현대 사회에 들어와서야 처음 생긴 것이기 때문이다. 그도 그럴 것이 인류사 대부분에서 인간은 직업 선택의 자유와는 무관한 삶을 살았다.

만약 당신이 원시시대에 태어났다면 부족의 일원으로 사냥에 나서는 것 외에는 살아갈 방법이 없었다. 그리고 고대에 태어났다면 뿌리 깊은 세습 구조 아래 가업을 이어받았을 것이며, 중세 유럽에서 태어났다면 농노의 삶을 살았을 확률이 꽤 높다. 사람이 직업을 선택할 수 있게 된 건 19세기 유럽에서 '능력주의' 사고방식이 발전하면서부터다. 그러므로 인간은 역사의 90% 이상을 직업 선택에 대한 고민을 하지 않고 살아왔다. 그런 연유로 우리 뇌는 '미래에 대한 다양한 가능성'을 제대로 처리하는 능력 자체가 진화하지 않았다.

'대학에 남아 공부를 계속할까, 아니면 어릴 적 동경하던 변호사가 되기 위해 다른 공부를 해야 할까?' 또는 '지역 커뮤니티에서 안정적인 직업을 찾아야 할까, 아니면 좋아하는 일을 사업화하기 위해 창업 자금을 모아야 할까?' 이 같은 현대적인 고민에 우리 뇌는 적응되어 있지 않아 수많은 선택지를 앞에 둔 이들 대부분은 불안과 혼란에 빠지기 쉽다.

특히 최근에는 종신고용이 붕괴된데다 '인생 100세 시대', '롤 모델이 없는 시대'처럼 앞으로는 나이대별로 나양한 일(직업)을 경험하는 게 당연시되고 있다. 어렵사리 적합한 직업이라고 찾았는데 막상 그 일을 계속할 수 없는 건 물론, 인생 단계별로 커리어를 고민해야 하는 상황이 되면 사람들의 불안과 혼란은 더욱 커질 것이다. 우리에게 지금 상황은 '한 번도 가본 적 없는 곳에 홀로 남겨진 아이 같은 처지'나 다름없다.

그리고 또 하나의 문제는 우리 뇌에 자리한 '버그'라는 존재다. 상세한 내용은 이후 '스텝 4'에서 설명하겠지만, 사람들은 날 때부터 '대량의 버그'가 머릿속에 존재하는 탓에 중요한 선택마다 수많은 잘못을 범하고 있다.

편견, 강박, 사고 왜곡, 불합리성…

버그를 부르는 명칭은 이처럼 제각각이지만, 하나같이 인간 뇌에 태생적인 에러로 존재해 중요한 장면마다 비슷한 잘못을 범하는 것이다. 여기서 직업 찾기에 관계된 실패 사례를 몇 가지 들어보자.

- "헤드헌터나 지인 말만 듣고 이직했는데, 사풍(社風)이 전혀 맞지 않았다."

  뭔가를 결정할 때 쉽고 새로운 정보에만 기대는 것이 인간의 대표적인 버그 중 하나다. 우리 뇌에는 어려운 결단을 가능한 회피하려는 심리 경향이 있는데, 이를 전문 용어로 '가용성 편향[Availability Heuristic]'이라 부른다.

- "이직한 회사가 맞지 않음에도 '크게 달라지기 힘들겠구나.' 하는 자포자기 심정에 그냥 자리만 지키고 앉아 있다."

  확실히 현 상황을 바꾸는 게 좋다 해도 '그냥 지금처럼 있고 싶다'는 생각이 드는 것 또한 인간의 기본적인 심리다. 이는 '현상 유지 편향[Status Quo Bias]'이라 부르는데, 좋은 취업(이직) 기회를 날려버리는 원인이 된다.

- "동경하던 회사에 들어온 것까지는 좋았는데, 시간이 지날수록 내심 '더 좋은 일이 있진 않을까' 생각했다."

  평소 꿈꾸던 일을 구했다 해도 그 기쁨이 오랫동안 지속될 리 없다. 그럼에도 대부분의 사람들은 '꿈을 이룬 뒤의 감정'을 중요하게 생각해서 결과적으로는 낙담하고 좌절하는 경우가 많다. 이는 '충격 편향[Impact Bias]'이라 불리는 버그다.

사실 취업이나 이직 이후까지 완벽히 살핀다는 건 거의 불가능하고, 실제로 일을 해보지 않으면 그 실태를 알기 어려운 경우 역시 많다. 하지만 한편으로는 사전에 조금 더 알아보고 분석해보았다면 실패율을 크게 낮출 수 있는 것도 사실이다. 이 버그 문제 또한 당신의 미래를 잘못된 방향으로 이끌 수 있는 문제 중 하나다.

앞서 언급한 포인트에 기반해 이 책이 지향하는 궁극적인 목표를 밝히고자 한다. 바로 '여러분의 직업 선택 과정에서 의사 결정의 정확도를 높여 바른 기리이를 선택힐 확률을 높이고, 최종적으로는 인생의 후회(실패율)를 줄이는' 데 있다.

물론 독자 중에는 '안정된 일을 구하거나 돈을 더 벌 수 있는 비결을 가르쳐줬으면 한다', 혹은 '면접장에서 바로 써먹을 수 있는 노하우, 자기를 어필하는 방법을 배우고 싶다'처럼 보다 즉각적인 효과가 있는(실질적인) 스킬을 원하는 이들도 적지 않을 것이다. 하지만 이 책이 다루는 건 그런 세부적인 스킬, 노하우보다 훨씬 근본적인 문제 해결에 관한 것이다.

- 후회가 적은 의사 결정을 내리기 위해선 어떻게 해야 할까?
- 우리에게 진짜 기쁨을 안겨주는 업무 방식이란 무엇일까?
- '인생의 선택'이라는 정답 없는 고민에서 어떻게 답을 찾아야 할까?

이 같은 근본적인 질문을 다루지 않는 한 그 어떤 조언도 표면적일 수밖에 없을 것이다. 인간 본연의 매커니즘에 기초하지 않고 당장 실효적인 조언만을 찾는 건, 마치 병의 원인도 모른 채 약이나 보조제를 복용하는 것과 같기 때문이다.

바른 직업 선택을 위한 5가지 스텝
'AWAKE'

그렇다면 우리는 이 문제를 어떻게 해결해야 할까? 인간이 태생적으로 가진 핸디캡을 극복하면서 조금이라도 바른 의사 결정을 내리기 위해 어떻게 해야 할까?

이 책의 집필 과정에 필자는 그동안 읽은 10만 편의 과학 논문과 600명이 넘는 해외 학자/전문가 인터뷰, 특히 그중에서도 직업 선택이나 행복, 의사 결정 등에 관한 자료를 집중적으로 선택, 활용했다. 그리고 추가적으로 조직심리학이나 경제학 관련 논문을 수천 편 검토했으며, 행복이나 의사 결정에 대해 잘 아는 전문가 50여 명에게 '적합한 직업 선택의 포인트'를 물었다.

혹시나 해서 말해두자면, 여기서 말하는 '적합한 직업'의 정의는 '당신이 가장 행복해 하는 일'을 뜻한다. 매일매일의 일을 통해 생활 만족도가 높아지고 기쁨을 느끼는 순간이 늘어나며, 슬픔이나 화(분노) 같은 부정적인 감정을 줄여주는 일을 말한다. '적합한 직업'이라면 일반적으로 '자기 재능을 발휘할 수 있는 일', '좋아하는 일을 할 수 있는 직장' 같은 이미지가 떠오르지만, 이 책에서는 굳이 그런 정의를 사용하지 않는다.

당연한 말일지 몰라도 '내게 어울리는 일을 잘 모르겠다', '이직한 곳에 금세 매몰될까 봐 걱정', '좋아하는 일을 직업으로 삼고 싶지만 실제로는 한 걸음도 내딛지 못했다'는 고민은, 결국 그 끝에는 '불행해지고 싶지 않다', '행복하게 살고 싶다'는 욕망이 자리해 있다. 그렇게 동경하던 회사에 들어갔지만, 그리고 내 재능을 살릴 수 있는 일을 택했지만 혹시 '불행해지면 어쩌나' 하는 고민과 걱정이 바탕에 깔려 있는 것이다.

여기서 필자는 다양한 데이터에서 '행복한 일 찾기'에 도움이 될 테크닉만을 뽑아, 뿔뿔이 흩어져 있던 지혜와 노하우를 5가지 스텝으로 체계화했다. 그 결과 도출한 것이 다음의 전략이다.

Step 1. 환상에서 깨어나라(Access the truth)

먼저 주변에서 자주 듣는 커리어 관련 조언이 맞는지 검토하고, 직업 선택 과정에서 빠지기 쉬운 환상에서 깨어나자. 구체적으로는 '좋아하는 일을 직업으로 삼자'거나 '적성에 맞는 일을 찾자'는 주장이 과연 맞는지 체크해본다.

Step 2. 미래를 넓혀라(Widen your future)

잘못된 직업을 선택하게 하는 '최대 원인'을 알아보고, 그 문제를 극복하기 위해 '우리가 정말로 행복해 할 일이 무엇인지'를 배운다. 이 스텝의 포인트는 '일 선택에 관한 당신의 시야를 넓히는' 데 있다.

Step 3. 악을 피하라(Avoid evil)

스텝 2에 이어 이번에는 '인간을 불행하게 만드는 직장의 조건'을 생각해보고, 인생에서 가급적 어려움을 피하는 방법을 체크한다. 또한 인생의 수많은 선택지 가운데 최적의 직업을 찾기 위한 툴(분석법)을 소개한다.

Step 4. 편향을 극복하라(Keep human bias out)

우리 뇌에 기생하는 '버그'를 찾아내 '자신의 의사 결정이 잘못된 방향으로 이뤄지지 않는지' 확인해본다. 이때 '프리모텀 Premortum', '3인칭 노트' 같은 버그 제거법을 배운다.

Step 5. 보람을 재구축하라(Engage in your work)

마지막으로 '당신의 직업 선택이 어디까지 맞는지', 혹은 '일에서 보람을 갖기 위해 어떻게 해야 할지'에 초점을 맞추어 '직업 만족 척도[Job Satisfaction Scale]', '잡 크래프팅(Job Crafting)' 같은 기법을 통해 일상의 행복도를 올려보자.

이상의 흐름을 이 책에서는 각각의 앞 글자를 따 'AWAKE'라 부른다. 이 단계를 순서대로 따르면 당신의 인생 선택이 보다 정답에 가까워져 '진짜 행복한 일에 대한 자각[AWAKE]'이 이뤄지도록 설계했다.

물론 이러한 'AWAKE' 과정을 반드시 처음부터 할 필요는 없으며, 각자 상황에 맞춰 스텝별로 실천하는 것도 무방하다. 이미 어느 정도까지 일의 후보군을 추렸다면 스텝 3의 '의사 결정 툴'부터 시작해도 좋다. 아울러 현 시점에서 '이대로 같은 직장에 다녀도 좋을지' 고민된다면 바로 스텝 5의 '직업 만족도'에서 출발해도 좋다.

결국 'AWAKE'를 사용하는 최대 목적은 다음과 같다.

① 의사 결정의 정확도를 높여 적합한 직업을 선택하고,
② 적합한 직업을 통해 인생의 행복도(만족도)를 높이는 것이다.

이 최종 목표만 틀리지 않는다면 'AWAKE' 실천을 통해 당신 인생은 확실히 더 나은 방향으로 나아갈 것이다.

그럼 이제 스텝 1부터 하나씩 살펴보자.

STEP

1

Access the truth

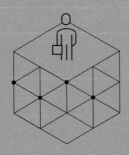

환상에서
깨어나라

– 직업 선택에서 범하는 7가지 잘못

"20대 때보다 10배는 부자가 되었다고 말하는
60대들을 찾긴 쉽지만,
그중 누구도 10배 행복해졌다고 말하진 않는다."

- 조지 버나드 쇼 (George Bernard Shaw, 1856~1950) / 아일랜드 극작가

직업 선택 과정에서
빠지기 쉬운 '환상'

잡스는 정말 좋아하는 일을
직업으로 삼았을까?

"참을 수 없을 만큼 좋아하는 일을 찾으세요. 이건 직업이든 연애든 마찬가지입니다. 일은 인생의 큰 부분이고, 거기서 커다란 만족을 얻기 위해선 최고라 믿을 수 있는 일을 가져야 합니다. 그리고 위대한 일을 하는 유일한 방법은 내 일을 사랑하는 겁니다. 만일 좋아하는 일이 없다면 찾을 때까지 찾고 또 찾으세요."

이미 고인이 된 스티브 잡스Steve Jobs가 2005년 스탠퍼드대 졸업식에서 남긴 유명한 말이다. '좋아하는 일을 직업으로 삼자'는 발상을 대외적으로 널리 알린 전설적인 연설이다. 듣는 이로 하여금 마음을 설레게 하는 내용이지만, 사실 이 말에는 커다란 함정이 존재한다. 그건 잡스 본인도 결코 좋아서 전자업계로 들어온 게 아니었기 때문이다.

확실히 그는 어릴 때부터 기술이 뛰어났고 머리도 좋았다. 하지만 그가 전자업계로 들어온 건 '재미나게 돈을 벌 수 있다'는 광고를 잡지에서 봤기 때문이다. 게다가 기술적인 것보다 정신적인 것을 좋아했던 잡스는 게임회사 아타리ATARI를 그만두고 인도로 수행길을 떠났다. 애플의 창업 역시 전자 기술에 대한 애정 때문이라기보다, 공동창업자 스티브 워즈니악Steve Wozniak이 발명한 '애플 1'에서 사업 가능성을 봤기 때문이다.

만일 잡스가 마음속으로부터 좋아하는 일을 직업으로 삼았다면 정신적인 수행자가 되었을지 모른다. 훗날 잡스가 애플에서의 일을 사랑한 건 사실이지만, 그 시작은 어디까지나 타산적인 지점에서 출발했다.

비슷한 사례는 매우 많다. 만일 역사 속 위인들이 좋아하는 일을 직업으로 삼았다면 고흐Vincent van Gogh는 성직자로 살았을 것이고, 코코 샤넬Coco Chanel은 인기 없는 가수 활동을 이어갔을 것이다. 그리고 나폴레옹Napoleon은 그저 무명 소설가로 남았을지 모른다. 사적 경험이나 기호에 기반한 조언은 제아무리 크게 성공한 이의 조언이라도 당신에게 꼭 맞으리란 법은 없다.

직업을 선택할 때 범하는
7가지 잘못

그렇다면 우리는 어떻게 바른 선택지를 찾아야 할까? 당신의 행복을
최대치로 만들어줄 직업은 어떻게 찾아야 할까?

제일 먼저 해야 할 일은 '직업을 선택할 때 누구나 빠지기 쉬운 대
표적인 실수가 무엇인지를 알아두는 것'이다. 많은 이들이 범하기 쉬
운 잘못을 사전에 알아두면 적어도 커다란 실패는 막을 수 있다.

그렇다면 직업을 선택할 때 범하기 쉬운 실수란 무엇일까? 현 시
점을 기준으로 수많은 연구에서 보여준 '행복과는 무관한 직업 요소'
를 정리해보면 크게 7가지로 나눌 수 있다.

① 좋아하는 일을 직업으로 삼는다
② 많은 급여를 기준으로 선택한다
③ 업계나 직종으로 선택한다
④ 일의 즐거움으로 선택한다
⑤ 성격 테스트로 선택한다
⑥ 직감으로 선택한다
⑦ 적성에 맞는 직업을 추구한다

하나같이 자주 듣는 조언이지만 '안타깝게도' 이런 행동은 모두 틀
렸다. 단기적으로 기쁨을 줄진 몰라도 장기적인 인생 만족도와는 아

무런 관계도 없을뿐더러, 자칫 잘못하면 당신을 불행에 빠뜨릴지 모른다. 말하자면 '직업을 선택할 때 범하는 7가지 잘못'이라 할 수 있다. 우선은 이 같은 포인트에 기반해 우리가 잘못된 꿈을 꾸게 하는 환상을 하나씩 깨보도록 하자.

잘못 1

좋아하는 일을
직업으로 삼는다

좋아하는 일을 직업으로 삼아도
행복도는 높아지지 않는다

'좋아하는 일을 직업으로 삼자!'

우리가 직업 선택을 고민할 때 가장 자주 듣는 말이다. 앞서 이야기한 대로 잡스의 연설을 통해 폭발적으로 확산되었지만, 비슷한 발상은 이미 오래전부터 존재해왔다. 기원전 5세기경 공자(孔子)가 '자신이 좋아하는 일을 직업으로 삼아라. 그러면 평생 하루도 일하지 않아도 된다'는 말을 남겼다. 많은 이들이 이 말에 매료된 것도 결코 무리는 아니다.

하지만 '좋아하는 일을 직업으로 삼으면 만사가 해결되느냐' 하면 꼭 그렇지도 않다. 수많은 직업 연구에 따르면 '좋아하는 일을 직업으로 삼아도 최종적인 행복도는 크게 달라지지 않았기 때문'이다.

31

2015년 미시간주립대가 '좋아하는 일을 직업으로 삼은 이늘은 정말 행복할까'를 테마로 대규모 조사를 실시했다.[1] 수백 종이 넘는 직업군에서 청취 조사를 실시해 '직업에 대한 생각이 개인 행복에 어떻게 영향을 주는지' 조사한 것이다. 연구 팀은 조사 대상자의 '업무관'을 크게 2가지 패턴으로 분류했다.

- 적합파 : '좋아하는 일을 직업으로 삼는 게 행복하다'고 생각하는 타입. '급여가 적어도 만족할 수 있는 일을 하고 싶다'고 응답하는 경향이 강하다.
- 성장파 : '일이란 계속하다 보면 좋아지는 법'이라 생각하는 타입. '일 자체가 즐겁지 않아도 상관없지만 (조금 더 나은) 급여는 원한다'고 응답하는 경향이 강하다.

언뜻 적합파 쪽이 더 행복할 것처럼 보인다. 자신이 열정을 가질 수 있는 직업을 가지면 매일매일이 즐겁고, 돈을 목적으로 일하는 것보다 인생 만족도가 훨씬 높아질 것 같은 느낌이다.

하지만 결과는 '의외'였다. 적합파의 행복도가 높은 건 처음뿐이었고, 1~5년 정도의 긴 관점에서 볼 때 양자 사이의 행복도와 연 수입, 커리어 수준은 성장파 쪽이 더 높았기 때문이다.

연구 팀은 '적합파는 자신이 열정을 가질 수 있는 직업을 잘 찾지만, 실제로는 어떤 일에나 좋아하기 힘든 면이 있다'고 말한다. 아무리 좋아하는 일일지라도 현실에서는 비용 정산, 대인 관계처럼 귀찮고 성가신 일이 많이 벌어진다. 여기서 '좋아하는 일'을 추구하는 마음이 강하면 그만큼 현실 속 일에 대한 괴리감을 느끼기 쉬워, 적합파 중에는 '지금 하는 일(직업)을 정말 좋아하는 건지' 의심하는 마음이 생긴다. 그 결과 최종적인 행복도가 낮아졌다.

반면 성장파는 기본적으로 일 자체에 큰 기대를 갖지 않기 때문에 작은 문제가 벌어져도 '일이란 원래 그런 거'라 생각하고 잘 대처할 수 있기 때문이다.

좋아하는 일을 하면 스킬도 늘지 않는다

영국 옥스퍼드대가 실시한 다른 연구에서는 '좋아하는 일을 직업으로 삼은 이들일수록 오래 지속하지 못한다'는 결론을 내렸다.[2] 이는 북미 지역의 동물보호시설에서 일하는 이들을 인터뷰 조사한 결과로, 연구 팀은 이들의 일하는 모습을 근거로 크게 3가지 그룹으로 나눴다.

- 좋아하는 일을 직업으로 삼은 파 : '자신은 이 일을 너무 좋아한다'고 느끼면서 일에 몰두하는 타입
- 열정파 : '이 일로 사회에 공헌한다'고 생각하면서 일에 몰두하는 타입

- 구분파 : '일은 그저 일일 뿐'이라 구분 짓고 매일매일의 업무에 몰두하는 타입

　이후 연구에 참가한 모든 이들의 스킬과 업무 지속률을 파악한 결과, 가장 우수했던 건 의외로 '구분파'였다. 언뜻 열정을 갖고 일에 몰두하는 게 더 나을 것 같지만, 실제로는 '일은 그저 일일 뿐'이라 구분 짓고 일에 몰두하는 편이 작업 숙련도가 더 빨리 높아지고 일도 쉽게 그만두지 않는 경향이 있었다.

　이러한 결과가 나온 이유는 앞서 살펴본 미시간주립대의 연구 결과와 같다. 만일 좋아하는 직업을 얻었다 해도 처음에는 기쁨을 느끼지만 현실은 그리 만만치 않다. 아무리 좋아하는 일이라도 고객의 불만 처리, 서비스 잔업처럼 귀찮고 성가신 일이 반드시 발생하는 법이다.

　좋아하는 일을 직업으로 삼은 이들일수록 '내가 정말 이 일을 좋아하는 게 맞을까' 의심하거나 '사실은 내가 이 일에 안 맞는지도 모른다'는 회의감에 빠져 동기 부여 자체가 크게 약해져버린다. 결과적으로 스킬은 몸에 익지 않고 이직률만 높아지는 것이다.

일에 대한 열정은
내가 쏟은 자원의 양에 비례한다!

'좋아하는 일을 직업으로 삼아라'와 함께 자주 듣는 조언이 '열정을 가질 수 있는 일을 찾아라'다. 누구든 자기 내면에 뜨거운 의지가 잠들

어 있기에 나중에라도 그 열정에 불을 붙여줄 직업, 즉 '천직'을 찾을 수 있다는 것이다. 좋게 말하자면 '꿈이 있는 발상'이지만, 이 역시 실제 데이터와는 맞지 않다. 그 천직도 어딘가 별도 장소에 있는 것이 아니라 결국 자기 안에서 길러지기 때문이다.

조금 더 상세히 설명해보자. 2014년 독일 로이파나대가 기업가들을 대상으로 앙케트를 실시해 '지금 하는 일을 얼마나 천직으로 생각하는지' 물었다. 이때 '일에 투입한 노력의 양'이나 '매일 얼마만큼의 두근거림(설렘)을 안고 일하는지'에 체크하도록 했다.[3]

그 결과는 다음과 같았다.

- 지금 하는 일에 대한 열정은 전주에 쏟은 노력의 양에 비례한다.
- 과거에 쏟은 노력의 양이 많으면 많을수록 현 시점에서 열정의 양도 증가한다.

조사에 참가한 이들 가운데 처음부터 자기 일을 천직으로 여긴 이는 거의 없었다. 오히려 '처음에는 여러 이유로 시작했는데, 거기에 노력을 기울이는 동안 열정도 생기고 그것이 천직으로 바뀌었다'고 말하는 이들이 대부분이었다.

이 같은 현상은 일 외의 장면에서도 꽤나 익숙하다. 만일 당신이 비싼 피규어를 모은다면 돈을 들인 만큼 애착이 늘어 무슨 일이 있어도 포기하지 않을 것이다. 또 악기를 연습할수록 음악이 즐거워지는 등 비슷한 사례는 얼마든지 있다.

결국 '열정을 가질 수 있는 일'이란 이 세상 어딘가에서 당신을 기다리는 특별한 존재가 아니다. 그 일에 열정을 가질 수 있는지 여부는 당신이 인생에서 쏟은 자원의 양에 비례하는 것이다.

조지타운대의 칼 뉴포트Cal Newport 교수는 '자기 일을 천직으로 여기는' 사람들을 인터뷰한 결과 다음과 같은 결론을 내렸다.[4] '천직을 얻은 이들 대부분은 사전에 '인생의 목적'을 정하지 않았다. 그들이 천직을 얻은 건 대부분이 우연의 산물이었다.'

일의 종류나 내용은 당신의 적합한 직업 찾기에 영향을 주지 않는다. 거꾸로 말하자면 어떤 일이든 당신에게 적합한 직업이 될 수 있는 법이다.

진짜 천직은 '그냥 하다 보니까 즐거워졌다'는 데서 찾는다

이상의 연구로 알 수 있는 건 '열정은 뒤에 따라오는 요소'라는 것이다. '일에 대한 열정'이란 내 속에 끓어오르는 뜨거운 감정이 아니라 '그냥 하다 보니까 즐거워졌다'는 데서 시작된 평이한 과정이라 할 수 있다.

이런 열정을 심리학에서는 '성장 열정[Growth Passion]'이라 부른다. '진짜 열정이란 뭔가를 하고 있는 동안 생기는 법'이라는 사고방식이다. '성장 열정의 유효성'을 보여주는 데이터로는 예일 NUS대의 연구 결과가 유명하다.^[5] 연구 팀은 대상 학생들의 '성장 열정'을 확인한 뒤 블랙홀 이론을 풀어낸 어려운 논문을 읽도록 지시했다.

이 연구 결과에서 알게 된 건 '성장 열정을 가진 사람은 아무리 흥미 없는 일이라도 열심히 몰두할 수 있다'는 사실이다. '열정은 뭔가를 하는 동안에 생기는 것'이라는 생각이 강한 참여자일수록 어려운 논문을 끝까지 읽을 확률도 높았다.

지극히 당연한 말일지 모른다. '열정은 내 안에 잠들어 있다'고 생각하면 조금만 마음에 안 들어도 '이건 나랑 안 맞다'고 여기기 쉬워 그만큼 쉽게 포기해버린다. 하지만 '열정은 스스로 만들어낸다'고 생각하면 처음에는 어렵게 느껴지던 작업도 '계속하다 보면 다른 가능성이 보일지 모른다'는 생각에 포기 없이 끝까지 몰두하는 것이다.

'하다 보니 즐거워졌다'는 건 다분히 수동적인 태도처럼 보일지 모르지만, 실제로는 천직과의 만남을 기다리는 이가 훨씬 더 소극적이라 할 수 있다.

'좋아하는 일을 직업으로 삼자'거나 '열정을 가질 수 있는 일을 찾자'는 말은 수많은 실험으로 틀렸음이 증명되었고, 인생 만족도를 높이는 해결책도 아니었다. '좋아하는 일을 직업으로 삼자'의 원조나 다름없던 공자도 결국에는 원하던 정치 세계에서 능력을 발휘하지 못한 채 말년에는 '다른 나라나 가볼까' 한탄했다 한다.

그럼에도 이런 조언이 사라지지 않는 건 역시 '시장 규모가 크다(?)'는 면이 영향을 미쳤을 듯하다. 물론 그중에는 순수한 선의만으로 조언한 이도 있겠지만, '좋아하는 일을 직업으로 삼으면 잘될 수 있다'는 생각은 직감적이고 누구든 이해하기 쉽기에 그만큼 지지하는 이들도 많다. 굳이 '꿈 깨게 만드는' 데이터는 보여주지 않은 채, 달콤한 말만 계속 속삭여주는 게 (돈 되는) 비즈니스(?)로선 더 안정적일 테니까.

많은 급여를
기준으로 선택한다

돈으로 행복을
어디까지 살 수 있을까?

어차피 일해야 한다면 누구든 금전적 보상, 즉 돈을 원할 것이다. 많은 수입을 기준으로 직업을 선택하는 건 지극히 자연스러운 일이고, '급여가 많은 구인 광고부터 찾는다'는 사람 또한 적지 않은 게 사실이다. 하지만 이러한 금전적 이유도 행복도를 높이는 점에서는 문제가 있다. 급여의 많고 적음은 우리 행복이나 직업 만족도와는 거의 관계가 없기 때문이다.[6]

대표적인 사례가 플로리다대가 실시한 메타 분석일 것이다. '메타 분석[Meta Analysis]'이란 '과거에 실시한 여러 건의 연구 데이터를 통합해 보다 거시적인 결론을 내리는 방법'을 말한다. 대량의 데이터를 분석하는 만큼 정확도가 높아지기 때문에, 수많은 연구 기법 중에서도 비교적 정답에 가까운 결론을 내릴 수 있다고 간주된다.

플로리다대의 메타 분석은 '돈과 일의 행복'에 대해 조사한 선행 연구에서 86건을 정밀 분석한 내용으로 미국, 일본, 인도, 태국 등 다양한 문화권에서 취합한 데이터를 활용하고 있다. 돈과 행복에 관한 조사로는 현 시점에서 가장 정확도가 높은 결론이라 할 수 있다. 그 결과는 다음과 같다.

● 급여와 직업 만족도는 상관계수 'r = 0.15'에 불과하다

'상관계수[Coefficient of Correlation]'는 '2가지 데이터의 관계를 나타내는 지표로, 그 수가 1에 가까울수록 관련성이 높다'고 간주된다. 대개 0.5 이상의 수치가 나오면 '관계 있다'고 판단한다.

예를 들어 많은 이들이 '타고난 성격에 따라 행동하기 쉽다'는 말을 지극히 당연하게 인식할 것이다. 내성적인 사람은 파티 같은 사교활동에 비교적 소극적일 것이고, 호기심이 강한 사람은 해외여행, 외부 행사 등에 적극 나설 것이다. 양자 사이의 관련성을 조사한 연구에 따르면 '성격과 행동의 장기적인 상관계수는 0.9였다.'[7] '사람은 성격대로 행동한다'는 인식을 당연하게 여기는 만큼 실제로도 높은 수치를 나타냈다.

이에 비하면 0.15라는 수치는 상당히 작고 통계적으로는 '거의 관계 없다' 해도 무방한 수준이다. 일상적인 용어로 바꿔 말하면 '급여가

많아지면 직업 만족도가 조금 높아질지는 몰라도 현실적으로는 별 의미 없다' 정도일 것이다. '돈으로 행복을 살 수 없다'는 말은 우리가 오랜 시간 (인식적으로) 당연하게 여겨왔지만, 과학적으로도 분명 틀림없는 진실이었다.

돈 버는 것보다 6000%나
손쉽게 행복해질 수 있는 일이란?

조금 더 알기 쉽게 비교해보자.

경제학에서는 '돈으로 얻을 수 있는 행복'과 '나머지 인생에서 얻을 수 있는 행복'을 비교하는 연구가 무수히 이뤄져왔다.[8] 예를 들어 '수입 증가와 결혼의 행복 중 어느 쪽이 우리를 더 행복하게 만드는지' 비교하는 것이다.

구체적인 결론을 몇 가지 소개해본다.

- 사이좋은 파트너와 결혼해 얻을 수 있는 행복도 상승률은 수입이 늘어나는 데서 얻을 수 있는 행복도보다 767%나 크다. (연봉이 평균치에서 상위 10%로 상승한 경우와의 비교)
- 건강 수준이 '보통'에서 '좋음'으로 개선되었을 때의 행복도 상승률은 수입이 늘어난 데서 얻을 수 있는 행복도보다 무려 6531%나 크다. (연봉이 평균치에서 상위 1%로 상승한 경우와의 비교)
- 이혼, 실직에 따른 행복도 저하율은 연봉이 ⅔나 줄었을 때의 행

복도 저하와 비슷하다.

즉, 열심히 노력해서 최고 수준의 연봉을 받는다 해도 좋은 파트너와 만난 기쁨, 혹은 건강 개선에 따른 행복도 상승에는 미치지 못했다. 그것도 엄청난 차이로. 돈을 벌어 행복도를 높이는 것보다는 우선은 인간관계나 건강 개선에 자원을 투여하는 게 더 큰 효과를 얻는 방법임을 알 수 있다.

일정 수입 이상이 되면 행복도 상승은 비용 대비 효과가 떨어진다

'연봉 800만 엔(100엔은 한화 1100원 전후)일 때가 가장 행복하다'는 말이 있다. 이는 2002년 노벨경제학상 수상자인 프린스턴대 대니얼 카너만Daniel Kahneman 교수의 연구로 유명해진 사실이다. 모든 직종의 연봉과 멘탈 변화를 조사했더니 '대략 연봉이 800~900만 엔에 달한 시점부터 행복도의 상승세가 둔화되었다'고 한다. 이는 전 세계적으로 볼 수 있는 현상이었다.

사실 이 수치는 '그 이상은 아무리 벌어도 행복도가 거의 변하지 않는' 최대치를 보여주는 것이다. 현실적으로는 더 낮은 단계부터 행복도가 올라가기 어려워지는데, 2019년 내각부가 발표한 〈만족도·생활의 질에 관한 조사〉에서는 1만 명을 대상으로 '세대 연 수입과 주관적인 만족도 변화'를 비교했다.[9]

- 이에 따르면 세대 연 수입이 300~500만 엔부터 만족도의 상승세가 둔화되기 시작해 1억 엔에 달해도 커다란 수치 변화를 볼 수 없었다.

또 일본을 포함한 전 세계 140개국의 '연 수입과 행복도의 상관관계'를 조사한 연구에서는 이런 결론도 얻을 수 있었다.[10]

- 연봉이 400~430만 엔을 넘은 경우, 그때부터 행복도를 5% 높이기 위해서는 연 400~430만 엔이 추가로 필요하다.

즉, 이미 당신이 연 400만 엔을 벌고 있다면, 만일 연봉이 2배가 된다 해도 행복도는 얼마 안 오를 가능성이 크다. 각 국마다 세(稅) 부담이나 인플레이션 비율 등이 다르기 때문에 이러한 수치가 반드시 정확하다곤 볼 수 없다. 또한 보다 세부적인 이야기를 하자면 지역별 물가도, 생활비도 다르기 때문에 대도시와 지방에서의 상한 역시 다를 것이다.

그렇다 해도 크게 봐서 '우리의 행복도는 어느 지점부터는 상승하기 어려워질 가능성이 높다.'고 볼 수는 있다. 이는 대략적인 참고 정도로 삼았으면 한다.

급여가 오른 효과는
1년밖에 안 간다

돈으로 행복을 살 수 없는 건 크게 2가지 이유 때문이다.

- ❶ 돈을 가질수록 한계 효용이 낮아진다
- ❷ 돈의 행복은 상대적인 가치로 결정된다

'한계 효용[Marginal Utility]'은 경제학에서 사용되는 개념으로 '재화나 서비스가 늘어날수록 거기서 얻을 수 있는 이점이 작아지는 현상'을 가리킨다. 보다 쉬운 말로, 아무리 좋아하는 케이크라도 맛있는 건 처음 1개 정도. 만일 2, 3개를 연이어 먹으면 곧 그 맛조차 분간하기 힘들어진다. 이 상태를 '한계 효용이 낮아진다'고 표현한다. 한계 효용의 저하는 어느 문화권에서나 볼 수 있는 현상으로, 우리는 아무리 사치를 부려도 금세 익숙해져 행복도는 원래의 출발선으로 되돌아간다.

또한 이를 연봉에 한정지어 말하면 '급여가 올라 행복도가 높아지는 건 평균 1년밖에 안 간다.' 3만 3,500건의 연봉 데이터를 분석한 스위스 바젤대 조사에 따르면 '대개의 사람은 급여가 오른 직후 행복도가 크게 올라 그 기쁨은 1년 정도 지속된다.' 하지만 급여 상승 효과로 얻을 수 있는 건 딱 거기까지로, '1년이 지난 뒤부터 행복도는 급강하하기 시작해 약 3년 정도 지나면 원래 수준으로 되돌아간다.'[11] 이처럼 급여에서 얻을 수 있는 기쁨의 지속 기간은 실로 짧다.

그리고 또 하나 '돈으로 얻을 수 있는 행복은 상대적으로 결정되기 쉽다'는 문제도 있다. 연봉 상승의 기쁨이란 급여 명세서상의 절대 금액이 아니라, 타인이 받는 급여와의 비교로 정해진다.

예를 들어 만일 당신이 백만장자라 해도 주변에 억만장자가 즐비하다면 행복도는 올라가지 않는다. 어렵게 비싼 손목시계를 샀다 해도 친구가 더 비싼 시계를 차고 있으면 거기서 얻을 수 있는 행복도는 낮아진다. 이는 심리학에서 '사회적 비교(Social Comparison, 자신을 타인과 비교함으로써 자신의 상태를 평가하는 것. 이 상황에는 '상대적 박탈감'이 해당된다.─옮긴이)'로 불리며, 이미 8만 건이 넘는 관찰 연구를 통해 확인되었다.[12] '타인과 자신을 비교하지 말라'는 충고를 자주 듣지만, 또 어떻게든 주위를 엿보고 비교하는 게 우리 인간의 본능이다.

물론 이상의 이야기만 갖고서 '급여로 직업을 선택하지 말라'고 주장할 생각은 없다. 조건 자체가 같은 일이라면 수입이 많은 직업을 택하는 게 인지상정이고, 적어도 연봉 800~900만 엔까지는 어쨌든 조금씩이라도 행복도가 올라간다. 그러니 거기에 자원을 투입하며 살아가는 것 또한 우리 인생이라 할 수 있다.

하지만 극작가 조지 버나드 쇼George Bernard Shaw도 이야기했듯 "20대 때보다 10배는 부자가 되었다고 말하는 60대들을 찾긴 쉽지만, 그중 누구도 10배 행복해졌다고 말하진 않는" 법이다. 연봉 상승만을 좇는 인생은 결국 비용 대비 효과가 떨어지게 된다.

그렇다면 단 몇 퍼센트의 행복도를 올리기 위해 악착같이 일하지 않고, 최소한의 의식주민 충족한 뒤부터는 여유 시간을 취미에 쓰는 것도 선택할 수 있는 삶의 한 방식이 될 것이다. 이 모든 건 전적으로 당신의 선택에 달려 있다.

잘못 3

업계나 직종으로
선택한다

전문가 예측의 정확도는
침팬지의 다트 던지기와 같다

좋아하는 업계나 직종에서 직업을 선택하는 것도 자주 볼 수 있는 광경이다. '앞으로 핀테크(Fin Tech, 금융과 IT 융합을 통한 금융 서비스-산업 변화를 통칭하는 개념—옮긴이)가 발전할 것', '현금 없는 결제[Cashless Payment]가 대중화될 것'처럼 장래 유망해 보이는 업종에서 선택하거나, 심플하게 '그냥 흥미 있어서', '재미있을 것 같아서'처럼 개인적인 흥미로 직업을 선택하는 패턴 말이다. 누구든 쇠퇴할 듯한 업계보다는 장래가 촉망되는 업계, 흥미 없는 직종보다는 관심을 가질 수 있는 직종에 취업하고 싶은 게 당연하다.

하지만 이 같은 사고방식이 틀린 데에는 2가지 이유가 있다.

❶ 전문가라 해도 유망한 업계, 직종 등을 예측할 수 없다

❷ 인간은 자신의 개인적인 흥미 변화조차 예측할 수 없다

첫 번째 문제는 '전문가 예측이 전혀 맞지 않는다'는 점이다.

'업계의 미래 예측'에는 항시 일정한 수요가 있어, 조금만 찾아봐도 '성장할 업계와 쇠퇴할 업계는 이것!', 'IR 자료를 참고해 유망한 회사 고르는 법' 같은 정보를 얼마든지 볼 수 있다. 그중에는 맥킨지McKinsey, 옥스퍼드 이코노믹스Oxford Economics 처럼 쟁쟁한 기관의 미래 예측도 존재해 우리 마음을 흔들어 놓는다.

하지만 이러한 전문가 예측은 기본적으로 맞지 않는다. 어느 정도 지명도가 있는 전문가라도 그 정확도는 동전 던지기와 별반 다르지 않다. 그 점에서 가장 유명한 건 펜실베이니아대의 연구 데이터다.[13] 연구 팀은 1984년부터 20년에 걸쳐 학자와 평론가, 저널리스트 등 전문가 248명을 모아 3~5년 뒤 경제나 기업 상황, 정치 등의 변화상을 예측하게 했다. 전문가 예상이 맞는지를 조사한 연구로는 현 시점에서 가장 정확도가 높은 내용이다.

그렇게 수렴된 2만 8,000여 건의 예측 데이터를 정리한 결과 '전문가 예측은 거의 절반밖에 맞지 않았다.' 심리학자인 펜실베이니아대 필립 테트록Philip Tetrock 교수는 이 상황을 '전문가 예측은 침팬지의 다트 던지기 정도의 정확성밖에 안 된다'고 표현했다. 그만큼 미래 예측이 어려운 것이다.

'10년 뒤 직업은 이렇게 된다'는 말은
어디까지가 진실일까?

클린턴과 부시 정권에서 국방 업무를 맡았던 린턴 웰스Linton Wells도 2009년 발표한 문서에서 전문가의 부정확한 미래 예측을 꼬집었다.

당시 미 의회는 20년 뒤를 예측하는 계획을 세우고 미래 경제, 정치 상황 등을 파악하는 데 막대한 세금을 투입했다. 이 사태에 분노한 웰스는 1900년부터 현대까지의 역사 흐름을 정리해 얼마나 미래 예측이 틀렸는지를 지적했다.

예를 들면 이런 식이다.

- 1980년경 미국은 '사상 최대의 채권국'으로 모두가 그 상태가 지속될 거라 생각했다.
- 하지만 1990년대 들어 이번에는 미국이 '사상 최대의 채무국'으로 바뀌었다. 대부분의 사람은 인터넷의 존재를 몰라 물질 경제가 계속 성장할 거라 생각했다.
- 10년 뒤 정보통신, 바이오 분야에서 혁명이 일어나 산업 발전상은 더욱더 예측하기 힘들어졌다.

제아무리 전문가라도 3년 뒤 미래조차 제대로 볼 수 없다. 따라서 10년 단위의 범위에서 경제나 기업의 변화상을 간파할 수 있는 사람은 이 세상에 존재하지 않는다.

'10년 뒤 직업은 이렇게 된다'거나 '미래의 업무 방식은 이렇게 바뀐다'는 주장을 믿는 건 각자의 자유지만, 미래 경제나 기업 동향을 바르게 예측할 수 있는 사람도, 방법도 존재하지 않는다는 점만큼은 분명한 사실이다.

우리는 자신의 변화조차 제대로 예측할 수 없다

당신이 지금 흥미 있는 업종이나 직종에 취업하려는 것도 문제가 큰 사고방식이다. 전문가의 미래 예측이 맞지 않듯, 당신이 본인의 장래를 두고 내리는 예측 또한 대부분 맞지 않기 때문이다.

하나의 사례로 하버드대가 실시한 대규모 조사 결과를 살펴보자.[14] 연구 팀은 18~68세의 남녀 1만 9,000여 명을 모아, 우선은 각자 좋아하는 사람의 타입이나 취미, 마음에 들어하는 직업 등을 폭넓게 조사했다. 그 후 조사 대상자들에게 다음과 같은 2가지 질문을 더했다.

❶ 앞으로 10년 뒤 당신의 가치관이나 기호는 어디까지 바뀔 거라 생각하는가

❷ 과거 10년 전에 비춰볼 때 당신의 가치관이나 기호는 어디까지 바뀌었는가

이러한 데이터를 비교해본 결과, 인간의 기호 변화에는 일관된 경향이 있었다. 18~68세 중 거의 모든 연령대의 응답자가 10년 사이 자신에게 일어난 변화를 과소평가했던 것이다.

예를 들어 당신이 18세 때 '내 가게를 하고 싶다'고 해서 28세가 되어서도 같은 희망을 가질 거라 예측하긴 어렵다. 또 28세가 되었다면 지금 당장 마케팅에 관심 있다 해도, 10년 뒤에는 과거에 존재하지조차 않던 새 업종에 마음을 빼앗길지도 모른다. 조사 대상자 중에는 어릴 적 꿈을 계속 좇는 사람도 있었지만, 그런 경우는 어디까지나 소수였다. 어릴 때 새긴 문신을 성인이 된 뒤에 지우고 싶은 사람이나 한때 너무 사랑해 결혼까지 한 상대와도 이혼하는 경우가 끊이지 않듯, 우리는 자기 자신의 변화조차 정확히 예측할 수 없는 존재다.

심리학자들은 이런 현상을 '역사의 종말 환상[The End-of-History Illusion]'이라 부른다. 대부분의 사람은 '현재의 가치관이나 기호가 가장 낫다'고 생각해 과거에 벌어진 변화가 미래에도 일어날 가능성을 인정하지 않는다. 하지만 실제 세계는 전문가도 예상할 수 없을 만큼 급격히 변해, 그 상황에 맞춰 당신의 기호와 가치관도 달라진다. 따라서 지금 특정 업종이나 직종을 선택했어도 몇 년 뒤 후회할 가능성은 충분히 있다.

앞서 본 웰스는 미 의회에 보낸 문서를 다음과 같이 끝맺고 있다. '미래 상황은 모르지만 적어도 우리가 상정하는 것과 완전히 다르다는 것만큼은 확실하다. 그런 인식에 따라 계획을 세워야 한다.'

일의 즐거움으로
선택한다

즐거운 일은
사망률을 2배로 높인다

누구나 힘든 일은 싫어할 것이다. 그래서 가능한 부담이 적은 일을 택하고 싶어한다.

한 달에 잔업이 80시간을 넘는 과노동의 폐해는 물론, 업무 스트레스가 큰 사람은 뇌졸중, 심근경색 등에 걸리기 쉽고 그로 인한 조기 사망 리스크도 커지는 것을 수많은 데이터로 알 수 있다.[15] 반면 일이 즐겁고 스트레스가 없으면 보다 편안히 작업에 몰두할 수 있고 업무 성과도 좋아질 것 같은 느낌이 든다.

하지만 이것도 행복도라는 관점에서 보면 커다란 착각이다. 스트레스가 몸에 나쁜 건 확실하지만, 그 한편으로 '너무 즐거운 일' 역시 당신의 행복도를 크게 낮춰버린다.

과거에 이뤄진 여러 건의 연구를 통해 '회사에서 높은 직책에 있는 사람일수록 건강하고 행복도가 높다'는 사실을 확인했다. 그들은 주위 부하들보다 확실히 업무량이 많음에도 불구하고 감기, 만성 질환 등에 걸리지 않고 피로를 크게 느끼지 않으면서 활동했다.

또 영국에서 공무원 3만 명을 대상으로 한 연구에 따르면 '조직에서 지위가 가장 낮은 사람은 지위가 높고 보다 중요한 일을 하는 사람에 비해 사망률이 2배나 높다'고 한다.[16] 이 같은 경향은 인간 이외의 종족에서도 볼 수 있는데, 케냐 사바나 지역에 사는 바분(원숭이) 집단을 조사한 연구에서도 '일이 적은 개체일수록 스트레스 호르몬이 많이 시는' 사실을 확인했다. 결국 일에 대한 부하가 적다고 해서 꼭 정신적으로 즐거워지는 건 아니다.

그렇다면 과노동으로 건강을 해친 사람이 있는가 하면, 반대로 많은 일을 함으로써 되려 행복해지는 사람이 있는 이유는 무엇일까?

적정한 스트레스는 일의 만족도를 높인다

"뱃짐이 없는 배는 불안정해서 제대로 나아가지 못한다. 이는 우리 인간도 마찬가지로, 일정량의 걱정이나 고통은 항상 누구에게나 필요하다."

철학자 쇼펜하우어 Arthur Schopenhauer 가 남긴 이 명언은 너무 즐거운 일이 도리어 몸에 나쁜 이유의 한 면을 보여준다. 스트레스는 꼭 나쁜 것만이 아니며, 우리가 행복하게 살기 위해서는 결코 빠질 수 없는 요소라는 것이다.

예를 들어 미국에서 군사 전략 연구로 유명한 랜드 연구소^{RAND} Corporation는 과거에 나온 스트레스 연구 결과를 리뷰하면서 '적정 스트레스가 초래하는 이점'을 3가지 들고 있다.[17]

- 일의 만족도를 높인다
- 회사에 대한 헌신도를 높인다
- 이직률을 낮춘다

적당한 스트레스라면 아무런 문제가 없을뿐더러 거꾸로 당신의 행복도를 높여준다는 것이다.

이 현상을 시각화한 것이 다음의 도표다. 본인 능력을 넘어선 일은 불안으로 이어져 당신의 건강까지 해칠 수 있다. 반대로 아무런 부하가 걸리지 않는 일은 지루함을 낳아 당신의 행복도를 저하시킨다.

말하자면 스트레스가 당신에게 초래하는 이점이란 '바이올린의 현' 같은 것이다. 현이 너무 팽팽하면 새된 소리밖에 나지 않고, 반대로 너무 느슨하면 둔탁한 소리밖에 나지 않는다. 따라서 좋은 소리를 내기 위해서는 적정한 탄력으로 조정할 필요가 있다.

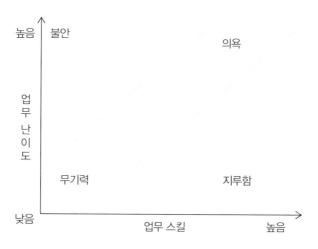

조직에서 지위가 높은 사람일수록 행복한 건 지위가 낮은 사람보다 스트레스를 조절하기 쉽기 때문이다. 당연하지만, 회사에서 높은 직책일수록 업무 재량권이 커서 일을 자유로이 컨트롤할 수 있다. 일이 어렵다 해도 대개는 자신이 원하는 페이스대로 조절할 수 있고, 굳이 무리해가며 싫어하는 이와 마주해야 할 리스크도 줄어든다.

하지만 지위가 낮은 사람은 마음대로 마감기한을 바꿀 수 없고 업무 내용도 자신이 선택할 수 없다. 컨트롤 범위가 좁은 만큼 스트레스도 조절할 수 없어 결과적으로는 행복도가 낮아진다. '승진'이라면 일단은 급여가 올라가는 이점이 떠오르지만, 실제로 당신의 행복도를 좌우하는 건 재량권 쪽이다.

행복감 단련에는
좋은 스트레스가 필수

정리하자면 스트레스는 양날의 검이기에 우리 행복도를 높일 수도, 낮출 수도 있는 방향으로 작동한다. 블랙기업(직원들에게 낮은 임금과 장시간 노동, 임금 미지급 등 불합리한 근무 조건에서의 노동을 강요하는 기업-옮긴이)처럼 만성적인 스트레스가 지속되는 상황은 논외로 치더라도, 너무 즐거운 일 역시 당신을 불행으로 몰아간다.

좋은 스트레스와 나쁜 스트레스에는 아래 표와 같은 차이가 있다. 나쁜 스트레스는 면역 시스템을 고장나게 해 급기야 뇌 활동까지 저하시킨다. 반면 좋은 스트레스는 업무에 몰두하는 동기 부여를 강하게 하고 신체 피로도 크게 줄여준다.

구분	좋은 스트레스의 특징	나쁜 스트레스의 특징
기간	짧다 (몇 분에서 몇 시간 안에 끝난다)	길다 (며칠부터 몇 년에 걸쳐 지속된다)
정신에 미치는 영향	동기 부여를 높이고 일시적으로 집중력과 기억력을 높인다	동기 부여를 떨어뜨리고 일시적으로 행복도가 낮아진다
뇌에 미치는 영향	뇌의 가소성을 높여 인지 기능을 개선한다	기억력을 떨어뜨리고 이성적인 사고를 약화시킨다
면역 시스템에 미치는 영향	신체에 입은 손상을 회복시킨다	면역 시스템의 작동을 방해해 만성 질환을 일으킨다
심폐 기능에 미치는 영향	조그만 피로에는 끄떡하지 않도록 체력이 일시적으로 올라간다	고혈압, 심장병, 뇌졸중의 원인이 된다

스트레스 학설[Theory of Stress]을 주창한 것으로 알려진 한스 셀리에Hans Selye는 이렇게 말한다. "스트레스를 피해선 안 된다. 그건 음식이나 사랑을 피하는 것과 같다."

몸을 단련하기 위해서는 근력 운동이나 러닝으로 적절한 부하를 가해야 되는 것처럼, 우리 행복감도 적당한 스트레스가 없으면 결코 성장하지 않는 법이다.

성격 테스트로
선택한다

에니어그램의 본질은
타로점과 같다

'무슨 일이든 깔끔하게 처리하는 편인가요?'

'누군가에게 뭔가를 요청하기 힘든가요?'

취업 사이트에 들어가보면 이 같은 질문을 자주 볼 수 있다. 이는 '에니어그램 Enneagram' 이론에 따른 성격 진단법으로, 자신에게 맞는 직업을 몰라 괴로워하는 이들이 적합한 직업을 찾도록 도와준다. 몇 가지 질문에 답하면 '당신은 지적 호기심이 강한 학자 타입이기에 전문지식을 살릴 수 있는 일이 적합하다'는 식으로 어드바이스가 표시되어 당신의 진로 설정에 도움을 준다.

이 밖에 'RIASEC'이나 'MBTI(Myers-Briggs Type Indicator)'도 대표적인 성격 테스트로 꼽힌다. 모두 오래전부터 존재하는 성격 이론을 차용하고 있으며 지금껏 수많은 이들이 이용해왔다. 그렇다면 과연 이런 테스트가 적합한 직업 찾기에 얼마나 도움이 될까? 결론부터 말하자면 답은 '아니오'다. 안타깝지만, 성격 진단에 따라 적합한 직업을 찾는다는 보장은 어디에도 없다.

우선 '에니어그램'부터 살펴보자. 에니어그램은 '사람을 개혁가, 성취가 등 9가지 타입으로 분류하는 성격 진단'으로, 정신과 의사이자 신비주의 사상가인 오스카 이차소Oscar Ichazo가 개발했다. 이 같은 연유로 에니어그램의 바탕에는 종교적인 요소가 깔려 있다.

물론 종교적인 배경이 있다 해서 반드시 나쁜 것만은 아니지만, 이 테스트에는 굳이 의미 없거니 인 해도 될 걸괴까지 해석해버리는 문제점이 있다. 에니어그램의 사고방식에 따르면 '인간은 누구나 특유의 욕망과 두려움의 패턴을 갖고 있어 그 종류에 따라 성격이 나뉜다'고 본다. 예를 들어 6유형에 해당하는 '안전을 추구하고 충실한 질문가'는 신뢰와 안전을 추구하며 고독을 싫어한다. 또 9유형에 해당하는 '조화와 평화를 바라는 화합가'는 안정을 선호하고 갈등을 싫어한다.

하지만 이미 눈치챘겠지만 '안전'과 '안정'은 상당히 비슷한 개념으로, 둘을 확실히 구별하기란 어렵다. 불안감이 큰 사람이 이 분류를 보면 '6유형과 9유형 둘 다 해당된다'고 여길지 모른다.

간혹 해외 해설 사이트에 가보면 '에니어그램의 유형별 설명과 해석법을 배울 필요가 있다'는 글을 심심치 않게 볼 수 있다.[18] 이런 식이라면 에니어그램 방식은 타로점과 별반 다르지 않다.

이러한 인식은 학계에서도 널리 공유되어 에니어그램을 제대로 조사한 사례는 거의 없다. 원래 해석 자체가 주관적이기 때문에 재현성을 중시하는 과학 검증에는 맞지 않다.

30년 넘게
비판받아온 MBTI

또 하나 자주 사용되는 것이 'MBTI'다. 이는 1962년 미국의 모녀(母女) 교육학자가 개발한 성격 테스트로 '인간의 성격을 직관, 사고, 감정 등 8가지 지표로 다뤄 총 16개 타입별로 성격을 분류하는 방식'이다. 현재는 취업 지원 외에 기업 연수, 인재 육성 등에도 사용되어 세계에서 가장 널리 이용되는 방법으로 꼽힌다.

하지만 그 인기와 별개로 MBTI는 과거 30년 넘게 비판 받아온 기법이기도 하다. 그중 가장 큰 문제는 '테스트를 받을 때마다 결과가 달라지는' 점이다.

2000년대에 이뤄진 여러 건의 실험에 따르면 'MBTI를 실시한 조사 대상자 가운데 거의 절반 가까이가 5주 후 이뤄진 테스트에서는 전혀 다른 성격으로 분류되었다.'[19] 당연한 이야기지만, 일관된 결과가 나오지 않는 기법은 적합한 직업 찾기에 사용할 수 없다. 게다가 이런 제각각의 조사 결과는 업무 성과 예측에도 사용할 수 없어, 111건의 선행 연구를 조사한 미시시피대 리뷰에서는 'MBTI 효과는 낙담할 만한 수준'이라고 결론내렸다.[20]

RIASEC의 예측력도
기대 이하

대학의 취업 카운슬링 등에서 'RIASEC'이라는 테스트를 사용하기도 한다. 이는 심리학자인 존 홀랜드 John Holland 박사가 고안한 '직업 선택 이론'에 따른 진로 진단법으로, 홀랜드 이론이라고도 한다. 이후 '직업 준비 테스트[VRT]', '직업 흥미 검사[VPI]', '적합한 직업 진단 테스트[CPS−J]', 'SDS 커리어 자기진단 테스트' 등 다양한 유사 검사를 만들어냈다.

이러한 검사군은 기본적으로 비슷한 원리를 갖는데, 인간의 성격을 '실재형', '탐구형', '예술형' 등 6가지 패턴으로 나눠 각각에 어울리는 직업을 추천한다. 예를 들어 현실적인 사람에게는 기계나 공학 쪽을 추천하고, 예술적인 사람에게는 미술, 디자인 쪽 일이 적합하다고 판단한다.

심리학자가 고안했다고 하면 뭔가 신빙성이 있을 것 같지만, RIASEC도 뭔가 불안정한 기법 중 하나인 게 사실이다. 가장 결정적인 계기는 2011년 플로리다주립대가 발표한 메타 분석이다.[21] 연구 팀은 과거 RIASEC 연구에서 신뢰성 높은 74건의 데이터를 정리해 현 시점에서 가장 정확도 높은 결과를 도출했다.

그 결론을 한 마디로 말하자면 'RIASEC의 예측력이 거의 제로'라는 것이다. 아무리 RIASEC이 적합하다고 판단한 직업을 얻었다 해도, 그 사람이 실제로 높은 성과를 올리는지 여부는 전혀 예측할 수 없었다.

이는 RIASEC의 성립 과정을 생각해볼 때 당연한 결과다. 원래 '직업 선택 이론' 자체가 홀랜드 박사 본인의 카운슬러 경험에서 '성격과 직업 사이에는 어떤 관계가 있을 것'이라는 생각을 체계화한 것이기 때문이다. 어떤 객관적인 데이터를 사용한 것도 아닐뿐더러 어디까지나 한 개인의 생각에 지나지 않는다.

잘못 6

직감으로
선택한다

직감이 올바르게
작동하기 위한 3가지 조건

지금까지 살펴본 대로 우리를 행복하게 하는 일을 선택하기란 매우 어렵다. 자신의 기호나 많은 연봉을 좇아선 안 된다고 하면, 혹자는 '그럼 직감에 따르면 되겠네'하고 생각할지 모른다.

실제 진로 선택에 있어 직감의 중요성은 자주 지적되어왔다. '결국 마지막에는 내 마음을 따르는 게 최선'이라거나 '직감으로 낸 답이 의외로 맞는 경우가 많다'처럼 자신의 느낌(감)을 중시하는 패턴 말이다.

스티브 잡스도 과거에 "무엇보다 중요한 건 내 마음과 직감을 따르는 용기"라 했을 만큼 역시 일정한 지지를 얻는 사고방식이다.

특히 최근에는 일부 데이터가 직감의 정확성을 보여주기도 한다.

프로 체스 기사들을 대상으로 한 실험에서 '한 게임을 5분 내외에

끝내는' 스피드 체스Speed Chess 기사들이 '충분히 시간을 들여 두는' 일
반적인 체스에서도 같은 활약을 할 수 있는지를 체크했다.[22] 그러자
스피드 체스 기사들은 생각할 시간이 회당 7.5초밖에 없음에도 보통
의 체스처럼 우수한 성적을 거두었다. 비슷한 데이터는 이 밖에도 많
아, 순간적인 '직감'이 충분히 시간을 두는 '숙려'를 이기는 경우가 결
코 드물지 않다.

그렇다면 '적합한 직업 선택에도 직감을 따르는 게 좋지 않을까' 싶
겠지만 실상은 전혀 달랐다. 왜냐하면 직감이 올바르게 작동하기 위
해서는 다음과 같은 조건이 충족되어야 하기 때문이다.

❶ 규칙이 엄격하게 정해져 있다
❷ 몇 번이고 연습할 기회가 있다
❸ 피드백을 금세 얻을 수 있다

체스 기사는 전형적인 사례. 기본적으로 체스는 말의 움직임(규
칙)이 엄격히 정해져 있고 기사는 과거에 둔 기보를 몇 번씩 복습할 수
있으며, 한 게임을 끝내기까지 2~3시간밖에 걸리지 않아 게임 내용
에 관한 피드백도 금세 얻을 수 있다.

하지만 '직업 찾기'는 이 조건에 전혀 맞지 않다. 적합한 직업 선택
에 정답이란 없어 어떤 회사에 들어가든 단 한 번 만에 결판나고, 선
택한 기업이 정답인지를 알기까지 몇 개월은 걸릴 것이다. 이 같은 악

조건에서는 직감이 정상적으로 작동하기 어렵다.

원래 우리 예상이 맞지 않는 건 앞서 살펴본 대로다. 인생의 향방을 직감으로 판단하는 건 너무나 위험한 도박이라 할 수 있다.

직감으로 생각하는 사람은 '자기정당화'로 끝난다

'직감과 이론 중 어느 쪽이 더 우수한지' 묻는 질문에 대해 이미 과거 연구에서 어느 정도의 답이 나와 있다. 2014년 볼링그린주립대가 실시한 연구에서는 학생 274명의 앙케트 조사를 통해 그들의 의사 결정 스타일을 파악했다.[23] 여기서는 인간이 선천적으로 갖고 태어나는 의사 결정 스타일을 크게 5가지로 분류했다.

❶ 합리적 : 논리적으로 생각하고 선택한다

❷ 직감적 : 직감이나 느낌으로 결정한다

❸ 의존적 : 타인의 조언을 근거로 결정한다

❹ 회피적 : 결정을 지연시키고 피하려 한다

❺ 자발적 : 가능한 빠르게 결정을 끝내려 한다

상황에 따라 의사 결정 스타일이 바뀌는 경우도 있지만, 많은 장면에서 대부분의 사람은 특정 스타일을 지키는 것으로 드러났다. 그 후 연구 팀은 학생들의 친구나 가족에게도 인터뷰를 실시해, 대상자들이 과거에 했던 선택과 그 정확도까지 체크했나. '이전에 어떤 아르바이트를 했는지', '어떤 학과를 택했는지' 같은 선택을 조사해 과연 성과를 얻었는지까지 알아본 것이다.

모든 데이터를 종합한 결과 '합리적'인 의사 결정 스타일의 압승으로 끝났다. 어떤 장면에서나 논리적으로 사안을 판단하는 타입이 더 큰 성과를 거둔 것이다. 반면 '직감적'인 스타일의 학생은 본인은 '내 선택이 맞았다'고 답한 데 반해, 친구나 가족으로부터의 평가는 낮은 경향이 있었다. 그렇게 직감에 의존한 선택은 대개 자기정당화로 이어져 타인의 객관적 평가도 낮아진다.

이 현상은 다른 연구에서도 일관된 형태로 나타난다. 대부분의 인생 선택에서는 논리적으로 생각하는 사람이 인생 만족도가 높고 일상의 스트레스도 낮다는 점을 알 수 있었다.[24] 역시 감각(느낌)에 의존하지 않고 합리적인 정신을 꾸준히 유지하는 것이 인생을 성공으로 이끄는 비결이라 할 수 있다.

잘못 7

적성에 맞는 직업을
추구한다

인턴십도, 전 직장 경력도
적성 판단에는 도움이 되지 않는다

'적성'이라는 말도 직업 선택 과정에서 자주 듣게 된다. 이 세상 어딘 가에는 내가 날 때부터 갖고 태어나는 능력에 딱 맞는 일이 존재하며, 그것만 찾으면 열심히 일할 수 있으리라는 생각 말이다.

세간에서 말하는 '적성을 중시하는 기업' 대다수는 지능과 흥미, 성격, 과거 경력 같은 다양한 요인을 체크해 유능한 인재를 찾으려 한다. 세상에 넘쳐나는 '직업 적성 검사'를 받고 '당신은 다른 사람을 뒷받침하는 일에 적합하다'든지 '리더십을 발휘할 수 있는 타입'이라는 조언을 듣는 이도 많을 것이다.

그렇다면 우리는 정말로 '딱 맞는 직업'을 사전에 발견할 수 있을까? 과연 이 세상에는 내 적성을 충분히 살릴 수 있는 일이 어딘가에

숨어 있을까?

이 문제를 조사한 연구 가운데 가장 정확도가 높은 건 심리학자 프랭크 슈미트Frank Schmidt와 존 헌터John Hunter에 의한 메타 분석이다.[25] 이들은 과거 100년간의 직업 선택 조사에서 질 높은 수백 건의 결과를 뽑아 정리했다. 이를 통해 '업무 성과를 사전에 파악할 수 있을까?' 하는 의문에 대한 답을 내놓았다. 이 정도 규모의 조사는 매우 드물어, 현 시점에서는 거의 결정판이라 해도 무방할 정도다.

논문에서는 '사전 면접', 'IQ 테스트' 같은 적성 검사를 골라 각각의 상관계수를 구했다. 쉽게 말해 '우리가 취업한 곳에서 활약할 수 있는지'를 판단하는 테스트가 존재하는지 조사한 것이다.

우선은 전체적인 결론부터 살펴보자. 각각의 적성 검사 신뢰도를 수치가 높은 순서대로 보면 다음과 같다.

1위: 작업 표본 검사(Work Sample Test) (0.54)

2위: IQ 테스트 (0.51)

3위: 구조적 면접 (0.51)

4위: 동료 평가(Peer Rating) (0.49)

5위: 직업 지식 테스트 (0.48)

6위: 인턴십 (0.44)

7위: 정직도 테스트 (0.41)

8위: 일반적인 형태의 면접 (0.38)

9위: 전 직장 경력 (0.18)

10위: 학력 (0.1)

일부 익숙치 않은 용어가 있기에 간략히 설명해둔다.

- 작업 표본 검사 : 회사 직무와 비슷한 임무를 사전에 수행하도록 해 그 성적으로 평가하는 기법
- 구조적 면접 : '당신이 큰 목표를 달성했던 경험을 말해주세요'처럼 과거의 성과에 관한 몇 가지 질문을 응모자들에게 똑같이 질문하는 기법
- 동료 평가 : 일정 기간 동안 함께 일한 뒤 동료 직원들에게 평가하도록 하는 기법. 인턴십의 업그레이드 버전
- 정직도 테스트 : 응모자가 얼마만큼 정직하게 행동하는지를 측정하는 성격 테스트

이상의 수치를 조사한 뒤 알게 된 건 '어느 기법이든 취업 이후의 성과를 측정하는 데 도움이 되지 않는다'는 사실이다. 예를 들어 정확도가 가장 높다고 평가된 '작업 표본 검사'조차 후보자 능력의 29%밖에 설명할 수 없었고 나머지는 인내력, 학습능력 등에 크게 좌우된다. 검사 성적을 믿고 입사시켜도 능력을 전혀 발휘하지 못할 가능성 또

한 그디.

그 외 기법도 특별히 도움이 되지 않아, 일반 기업에서 자주 사용되는 일반적인 형태의 면접이나 인턴십, 전 직장 경력 등은 성과 지표로 거의 사용할 수 없었다. 이러한 결과를 맹신하면 대부분의 취업은 실패로 끝나버릴 것이다.

기존의 적성 판단이 별로 도움이 되지 않는 건 우리의 성과를 좌우할 변수가 너무도 많기 때문이다. 현실 세계에서 일에 필요한 능력은 다양해, 조금만 생각해봐도 추상적인 사고력, 창조력, 동료와의 커뮤니케이션 능력, 스트레스를 견디는 힘, 감정 컨트롤 능력 등이 떠오를 것이다. 그 모든 요소를 몇 차례 면접이나 테스트만으로 판단할 수는 없다.

또 조직 문화에 따라 필요한 능력이 다른 것도 사전에 성과를 예측할 수 없는 원인 중 하나다. 같은 식품 제조사라 할지라도 어떤 곳에서는 조직의 융화를 중시하고, 어떤 곳은 참신한 아이디어를 추구하는 문화를 가진 경우가 있다. 말하자면 그 역학은 환경이나 시간 변화에 따라 쉽게 달라지고, 리더가 바뀌거나 부서 이동만으로도 요구되는 능력이 다른 경우가 많다.

'강점 찾기'의 한계와 가능성

마지막으로 '강점 찾기[Strength Finder]'에 대해서도 살펴보자. 이는 '갤럽사가 개발한 재능 진단 툴'로 117개 질문을 통해 당신의 '강점'을 가르쳐주는 온라인 서비스다.

'강점'의 내용은 '분석 사고', '학습욕', '전략성' 등 총 34 종류. 이 중 상위 5가지 강점을 잘 활용하면 업무 성과를 높이고 이직률을 낮춘다고 간주한다. 즉, '강점을 살릴 수 있는 직업이야말로 당신에게 적합한 직업'이라는 사고방식이다.

테스트 내용은 갤럽사가 10만 명이 넘는 직업인에게 실시한 인터뷰를 기반으로 구성해, 공식 사이트에 가면 이들이 실시한 방대한 양의 실험 데이터를 읽을 수 있다.[26] 그 샘플 사이즈는 매우 커, 이것만 보면 '강점 찾기'는 통계적으로도 가장 증명된 기법처럼 느껴질지 모른다.

하지만 이러한 실험이 문제인 건 '모두 갤럽사가 독자적으로 실시했다'는 점 때문이다. 하나같이 정식 조사 과정을 거쳐 나온 내용이 아니기에 증거로 쓸 수 없다. 그 점에서 '강점 찾기'의 기반은 아직 취약하다고 볼 수 있다.

또 하나 어려운 점이 '강점을 살린다면 일도 잘 해낼 거라는 생각 자체에도 의문부호가 붙는다'는 것이다. 예를 들어 '긍정심리학의 아버지'라 할 수 있는 마틴 셀리그만Martin Seligman은 남녀 7,348명을 모아 '전원의 강점과 직업 만족도를 비교하는' 조사를 실시했다.[27] 그 결과는 다음과 같다.

❶ '강점'과 직업 만족도에는 유의미한 관계가 있지만 그 상관도는 매우 작다

❷ 그 조직에 나와 같은 '강점'을 가진 동료가 적은 경우 직업 만족도가 올라간다

2가지 포인트에 대해 추가 설명이 필요할 것 같다. 예를 들어 당신이 '분석력'이 뛰어난 사람이라 해도 주위 동료가 비슷한 수준의 데이터 처리나 합리적인 사고 능력을 갖춘 경우 그 '강점'의 상대적 시장 가치는 낮아진다. 반대로 주위가 '분석력'이 떨어지는 동료들뿐이라면 당신의 시장 가치는 높아지고 그 조직 안에서의 만족도도 올라갈 것이다. 결국 '강점'을 살려 행복한 직장 생활을 보낼 수 있는지는 주위 사람들과의 비교로 정해진다.

혹시나 해서 말해두지만, 이 결과는 결코 '자신의 강점을 아는 작업이 쓸모없다는 뜻은 아니다.' 긍정심리학의 선행 연구에서는 '자신의 강점 살리기를 의식하며 매일매일을 지내다 보면 일상의 행복감이 조금씩 높아져간다'는 내용이 반복적으로 보고되었기 때문이다.

이 결과에 대해 셀리그만은 다음과 같이 코멘트했다. "'강점'을 기반으로 일을 선택하는 건 추천하지 않지만, 지금 당신이 있는 회사에서 직업 만족도를 높이기 위해 사용한다면 충분히 유용할 것이다."

일단 특정 업무가 정해진 경우에는 '강점 찾기'가 도움이 될 가능성

이 충분하다. 다만 여기서 문제가 되는 '적합한 직업 찾기에 도움이 되는가'라는 점에서는 '강점'에만 의존하는 게 좋은 방법은 아니다.

인생을 풍요롭게
해줄 일은 어디에 있는가?

여기까지 읽다 보니 되려 혼란스러움을 느낄지도 모른다. 좋아하는 일을 직업으로 삼아도 행복도는 오르지 않고 돈을 목표로 해도 비효율적이며, 전문가의 판단도 맞지 않다면 우리는 대체 어떤 기준으로 직업을 선택해야 할까? 우리의 인생을 진정 풍요롭게 해줄 일은 어디에 존재하는 걸까?

　그 답을 찾기 위해 스텝 2에서는 '우리가 적합한 직업 찾기에 실패하는 이유'와 '적합한 직업에 필요한 조건' 2가지를 살펴보도록 한다. 이는 직업 찾기에 결부된 문제를 해결하면서 미래 가능성을 넓히기 위해 매우 중요한 단계다.

적합한 직업을 찾는 과정에서 빠지기 쉬운 '확신'에 주의하자

직업을 선택할 때 범하는 7가지 잘못

1. 좋아하는 일을 직업으로 삼는다

2. 많은 급여를 기준으로 선택한다

3. 업계나 직종으로 선택한다

4. 일의 즐거움으로 선택한다

5. 성격 테스트로 선택한다

6. 직감으로 선택한다

7. 적성에 맞는 직업을 추구한다

2

Widen your future

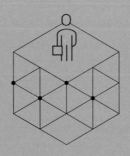

미래를
넓혀라

─ 일의 행복도를 결정하는 7가지 덕목

"우리는 모두 자신의 틀에 갇혀

자기 코 앞 정도의 짧은 시야밖에

갖고 있지 않다."

- 몽테뉴(Michel Eyquem Montaigne, 1533~1592) / 프랑스의 철학자

적합한 직업 선택의 출발점은
'시야 확장'

라이트 형제도 피하지 못한
'시야 협착'의 함정

앞서 이야기한 대로, 우리가 적합한 직업 찾기에 실패하는 원인은 '시야 협착'에 있다. 이는 '특정 선택지만 의식하다가 다른 가능성 자체를 생각하지 못하는 상태'를 말한다. 이 함정에 빠지면 어떤 위인이라도 헤어나오기 힘들다.

예를 들어 '비행기의 아버지'로 알려진 라이트 형제Wright Brothers 는 인생 후반의 커리어를 제 손으로 망친 것으로도 유명하다. 1903년 유인 동력 비행에 성공한 이들은 즉시 기술 특허를 취득해 남은 인생을 편안하게 보낼 수 있으리라 생각했다. 하지만 그런 기대는 후발 주자들이 라이트 형제의 기술을 모방한 비행기를 잇달아 발표하면서 산산조각 났다. 그때부터 둘은 나머지 인생 대부분을 특허 침해 재판으로

소진하고 밀았다.

당초 돈과 명예를 지키기 위해 시작한 싸움이었지만, 소송에서 잇달아 패하며 둘은 크게 상심했다. '특허 침해가 아니'라는 소송 결과에 분노한 이들은 오로지 승소만을 생각해 연구실이 아닌 법원을 제집마냥 들락거리게 된다. 완전히 '시야 협착' 상태에 빠진 것이다.

그러는 사이 다른 기술자들이 라이트 형제의 기술을 좇기 시작했고, 둘의 특허는 어느새 무용지물이 되어 역사적 가치만 남았다. 이후 형 윌버Wilbur는 실의에 빠진 채 45세의 젊은 나이로 세상을 떠났고, 3년 뒤 동생 오빌Orville도 기술 개발에서 완전히 손을 뗐다.

비슷한 위인들은 이 외에도 많다. '정신분석학의 거두'로 불린 프로이트Sigmund Freud는 자기주장만을 고집한(시야 협착에 빠진) 채 의견 대립을 보인 이들을 맹렬히 공격했다. 결국 융과 아들러Alfred Adler, 라이히Willhelm Reich 같은 저명한 학자들이 그 곁을 떠나며 프로이트의 학문적 고립은 가속화되었다.

어쩐지 비극적인 에피소드지만, 우리도 직업을 선택하는 장면에서 라이트 형제, 프로이트와 같은 잘못을 범하기 쉽다. "우리는 모두 자신의 틀에 갇혀 자기 코 앞 정도의 짧은 시야밖에 갖고 있지 않다"는 몽테뉴의 말은 모든 이들이 빠지기 쉬운 함정을 지적하고 있다. 대다수 사람들은 거의 비슷한 이유로 직업 선택을 잘 못하고 있다.

이 문제를 해결하기 위해 스텝 2에서는 머릿속 고정관념을 깨고 더 많은 가능성을 모색해볼 수 있는 작업을 실시한다. 즉, 당신의 '미래를 넓히는' 단계이다.

일의 행복도를 결정하는
'7가지 덕목'

물론 '시야 협착을 벗어나 여러 가능성을 생각해보자' 해도 금세 실천할 수 있는 사람은 별로 없을 것이다. 왜냐하면 특정 회사나 일에 마음이 끌리는 시점부터 우리 뇌가 굳어져버리기 때문이다.

여러분은 혹시 '지갑이 없어졌다'고 생각해 집안 곳곳을 찾아 헤매다 바로 앞 테이블 위에서 발견했던 경험이 있지 않은가? 이 같은 현상은 '지갑은 늘 서랍장 위에 둔다'거나 '양복 안주머니에 넣는다' 같은 선입관에 따라 '바로 앞 테이블'이라는 가능성 자체를 완전히 배제했기에 발생한다.

적합한 직업 선택도 마찬가지로, 대부분의 사람은 '이 일이 좋겠다'고 생각한 직후부터 사고의 폭이 좁아져 그 밖의 선택지에 눈을 돌리지 않는다. 이래선 절대 최적의 일을 찾지 못한다.

이에 스텝 2에서는 발상을 전환하기 위한 단서로 '일의 행복도를 결정하는 7가지 덕목'을 체크해본다. 앞서 스텝 1에서는 '직업을 선택할 때 범하는 7가지 잘못(인간의 행복과는 관계없는 일의 요소)'을 소개했지만, 여기서 다룰 건 '당신의 직업을 행복하게 만들기 위해 필요한 요소'가 포인트다. 막연하게 '시야를 넓히자'고 하면 어찌할 바를 모르겠지만, 행복한 일에 필요한 조건을 알면 선택지를 늘리는 데 큰 도움이 될 것이다.

'일의 행복도를 결정하는 7가지 덕목'이란 다음과 같다.

❶ 자유 : 그 일에 재량권이 있는가?

❷ 성취 : '앞으로 나아가고 있다'는 생각이 드는가?

❸ 초점 : 자신의 동기 부여 타입에 맞는가?

❹ 명확성 : 해야 할 일과 비전, 평가 기준은 확실한가?

❺ 다양성 : 작업 내용이 다양한가?

❻ 동료 : 조직에서 도와줄 친구는 있는가?

❼ 공헌 : 얼마만큼 세상에 도움이 되는가?

이상의 7가지 덕목은 '직업 만족도'를 조사한 259건의 메타 분석으로 더욱 확실해졌다. 이는 미국과 유럽은 물론 아시아 각국에서도 그 중요도가 다르지 않았다. 이러한 요소가 충족되지 않는 일은 아무리 어릴 때부터 꿈꾸던 직업, 혹은 다른 이들이 동경하는 업종이라도 결코 행복도가 높아지지 않는다.[1] 거꾸로 말하면, 이러한 요소가 갖춰진 일이라면 아무리 외부 평가가 낮은 일이라도 행복하게 할 수 있는 법이다.

물론 이렇게 생각하는 사람이 있을지도 모른다. '선택지를 넓히려 해도 원래 어떤 일이 있었는지조차 모르는데다, 대략적인 방향성도 애매하고 불분명하다.' 처음부터 '이 회사가 좋다'고 정한 이들은 소수이고, '이 업계에 들어가고 싶다'거나 '관리직이 되고 싶다'는 대략적인 방향성조차 정하지 않은 경우도 있을 것이다.

하지만 너무 걱정하지 말자. 앞서도 이야기했듯, 장래 선택지가 잘 보이지 않아 뭐라 말할 수 없는 불안감이 엄습한 상태는 현대인에게 지극히 자연스러운 일이다. 이 장의 후반부에는 '어떤 방향성이든' 그것을 결정하기 위한 작업을 소개하기 때문에, 현 시점에 진로가 정해져 있지 않은 사람도 일단은 '행복하게 일하기 위해 무엇이 필요한지' 정도를 생각해본다는 마음가짐으로 모든 '요소'를 체크해보자.

반대로 이미 당신이 바라는 진로가 명확하게 보일 경우 '그 직업이 지속적인 행복으로 이끌 길(진로)인지'를 체크하기 위해 해당 '덕목'을 사용해보자.

자유

자유롭지 않은 직장은
담배보다 해롭다

가드닝(Gardening) 문화가 발전했다고 알려진 영국에서는 하루를 정원 일로 마무리하는 이들을 자주 볼 수 있다. 일터에서 아무리 힘든 노동을 끝낸 뒤라도 삽을 들고 '또 한 번 힘든 육체노동'에 빠지는 이들이 많다. 이러한 풍습에 대해 작가 콜린 워드 Colin Ward 는 다음과 같이 설명했다.

'힘든 일과 후에도 정원 일을 즐기는 이가 많은 건 그 일 자체로 상사에게서 자유로워질 수 있기 때문이다. 단조로운 일에서 해방될 뿐 아니라 동일한 작업의 노예가 되지도 않는다. 처음부터 끝까지 자신이 컨트롤하면서 '무엇을 어떻게 할지' 정하는 것 역시 본인 자유다. 그 책임은 모두 자신이 지며 다른 사람과는 무관하다. 이때 우리는 스

스로의 상사가 된다.'[2]

워드의 지적은 현대 심리학의 관점에서 봐도 핵심을 찌르고 있다. '업무 내용을 얼마나 자기 의사로 정할 수 있는지'는 일의 행복도를 크게 좌우한다. 깊이 생각할 것도 없이 자유를 구속당했는데 기뻐할 이가 있을까. 상사에게 자료 한 글자, 한 문장을 일일이 체크당하고 쉬는 시간마저 통제 받는, 또 외출할 때마다 허가가 필요한 직장에서 일하고 싶은 이는 거의 없을 것이다. 흔히 말하는 '마이크로 매니지먼트(Micro Management, 세부사항이나 사소한 일까지 모두 통제하고 관리하는 것-옮긴이)'의 문제다.

실제 수많은 연구 결과를 봐도 '자유'만큼 일의 행복도를 좌우하는 요소는 없다. 대만에서 노동자 1,380명을 대상으로 한 연구에서 '일하는 회사의 자유도'를 다음과 같은 기준으로 조사했다.[3]

- 작업 스케줄을 마음대로 정할 수 있는가?
- 업무 내용을 마음대로 정할 수 있는가?
- 수입, 사내 규정 등에 대해 자기 의견을 밝힐 수 있는가?

그 결과는 확실했다. 직장의 자유도가 높을수록 일에 대한 만족도는 높고 이직률이 낮았다. 또 직장의 자유도가 높을수록 스트레스가 심한 작업 중에도 부정적인 감정에 빠지지 않는 경향을 보였다.

그리고 또 하나 '자유도'는 수명까지 좌우했나. 영국 런던대가 공무원을 대상으로 실시한 조사 결과를 보자.

- 담배를 피우지만 회사에서의 자유도가 크다
- 담배를 안 피우지만 회사에서의 자유도가 작다

이상의 두 그룹을 비교한 결과 '담배를 안 피우지만 자유도가 작은 사람'이 더 건강을 해치기 쉽고 만성병에 걸릴 확률도 높아지는 경향을 보였다. 일의 자유도가 담배보다 우리 건강에 더 큰 영향을 미치는 것이다.[4]

'행복해질 수 있는 자유'의 종류도 남녀가 다르다?

물론 그렇다고 무제한의 자유가 허용되는 직장이 존재할 리 없고, 노마드 워커(Nomad Worker, 휴대용 기기 등을 이용해 시간과 장소에 구애받지 않고 이동하며 일하는 사람—옮긴이)에 어울리는 자유로운 업무 형태를 연출하려 해도 고객이나 거래처의 속박에서 완전히 벗어나기 힘들다. 그것이 일(업무)인 이상, 또 이 사회에서 살아가기 위해서는 자유를 양보해야 하는 순간이 반드시 있다.

이는 사회적 동물로서의 현실이기에 한탄해봐야 소용없다. 결국 우리에게 주어진 건 '조금이라도 자유도를 높일 수 있는 회사에 가든지, 상사, 혹은 관계자와 논의해 현재 일의 자유도를 높이든지' 2가지 선택지 중 하나를 고르는 수밖에 없다.

만일 '기업에서 일하겠다'고 결정한 경우 '노동 시간은 어디까지 선택할 수 있는지'와 '업무에 있어 어디까지 직원 재량에 맡기는지' 2가지 포인트만큼은 반드시 체크해보자.

또한 선행 연구에 따르면 '남녀별로 행복해질 수 있는 자유의 종류도 다르다'고 한다.[5] 이 역시 고려해야 할 점이다.

- 여성 : 일에 열중하는 장소와 타이밍의 자유가 있을수록 행복도가 올라간다
- 남성 : 일의 진행 방식과 작업 속도의 자유가 있을수록 행복도가 올라간다

여성의 경우 재택근무나 리모트 워크(Remote Work, 자신의 업무 스타일에 맞춰 다양한 장소와 공간에서 자유롭게 일하는 방식. 원격 근무의 한 방법.—옮긴이)를 하기 쉽고 유연근무제 등을 채택한 직장에서 더 행복하게 일할 확률이 크다. 반면 남성은 작업의 마감기한 등을 스스로 정하거나 일하는 순번을 자신이 원하는 대로 조정할 수 있는 직장에서 행복감을 느끼기 쉽다. 물론 개인별로 다른 요소도 있겠지만, 이런 경향은 참고해두면 좋을 것 같다.

결국 '자유'란 '있었으면 좋겠다' 수준의 문제가 아니라 '일의 행복

을 정하는 근본적인 요소'라 할 수 있다. 적합한 직업을 찾을 때는 반드시 '내 자유를 어디까지 확보할 수 있는지'의 관점을 놓치지 말자.

성취

일류 선수일수록
소중히 여기는 단 하나의 습관

올림픽에서 28개의 메달을 딴 '미국의 수영 영웅' 마이클 펠프스 Michael Phelps는 경기 전 항상 같은 행동을 반복하는 것으로 유명하다. 레이스 2시간 전 스트레칭으로 전신을 풀어주고 이후 수영장에서 45분간 워밍업을 실시한다. 그러고 나서는 본 경기가 시작할 때까지 힙합 음악을 들으며 보낸다.

밥 보먼Bob Bowman 코치는 그의 행동에 대해 "경기 전 하는 세세한 행동 하나하나가 승리의 감각을 전해준다"고 표현한다. 스트레칭이나 워밍업 등의 동작을 끝낼 때마다 펠프스는 확실한 성취감을 얻고, 그 덕에 보다 자신감을 갖고서 레이스를 펼칠 수 있는 것이다.

이러한 '작은 성취'의 중요성을 스포츠계에서는 오래전부터 알고 있었다. 일류 선수일수록 '이번 주는 폼을 개선하고 다음 주는 근력을 키우는 데 집중한다'는 식의 하위 목표를 설정해, 1주일마다 세밀한 성취감을 쌓아가는 경우가 많았기 때문이다. 최근에는 과학 분야에서도 '작은 성취가 일의 동기 부여를 크게 좌우한다'는 점이 밝혀졌다.

이와 관련된 연구는 엄청나게 많지만, 그중에서도 가장 유명한 건 하버드대가 실시한 동기 부여 조사다. '일에 동기를 부여하는 중요 요소'를 알아보기 위해, 연구 팀은 7개 회사 직원 238명을 모아 이들의 성과 변동 추이를 1만 2,000시간에 걸쳐 기록했다.[6] 아마도 동기 부여에 대해 이만큼 철저하게 조사한 연구는 없을 것이다.

그 결론을 한 마디로 정리하자면, 인간의 동기 부여가 가장 높아지는 건 '조금이라도 일이 앞으로 나아가고 있을 때'다.

착각의 '성취감'이라도 인간의 동기 부여는 높아진다

'작은 성취'는 일과 관계된 것이라면 뭐든 상관없다. '기획서 작성에 필요한 데이터를 찾았다', '지금까지 고민하던 버그가 해소되었다', '상사에게 칭찬 받았다' 등등.

아무리 작은 것이라도 당신의 동기 부여는 높아지고, 그 지점에서 보람(충족감)을 느끼게 된다. 보다 친근한 예로 컬럼비아대에서 실시한 실험 결과를 살펴보자.[7] 연구 대상자들에게 '특정 카페에서 사용할 수 있는 스탬프 카드'를 건네고, 다음 2가지 패턴으로 자유로이 커피를 사도록 지시했다.

- 커피를 10잔 사면 무료로 한 잔 준다고 적힌 스탬프 카드를 건넨다.
- 커피를 12잔 사면 무료로 한 잔 준다고 적힌 스탬프 카드를 건넨다. 그 카드에는 이미 2개의 스탬프가 찍혀 있다.

요컨대 '둘 다 커피 10잔을 사야 무료 서비스를 받을 수 있다'는 점에선 동일하다. 따라서 그냥 단순히 생각하면 결과가 비슷할 것 같지만 실상은 크게 달랐다. 현실에서는 '커피를 12잔 사면 한 잔 주는' 카드를 받은 그룹이 스탬프를 모으는 속도가 더 빨랐던 것이다.

연구 팀은 이 현상을 '전진의 착각[The Illusion of Progress]'이라 부른다. 이미 2개의 스탬프가 찍혀 있는 덕에 성취감의 착각이 생겨, 동기가 크게 부여된다. 그것이 단순한 착각이라 해도 의지를 이끌어내기 때문에 우리의 '성취감 선호'는 확고한 신념이 된다.

물론 적합한 직업을 찾는 과정에서 '그 회사에 작은 성취를 얻을 수 있는 환경이 갖춰졌는지'를 조사하기란 어렵다. 개인의 작은 성취를 중요시하는 기업은 아직 소수로, 대개의 경우 현장 매니저의 재량에 따르기 때문이다.

앞서 이야기한 하버드대 연구에 따르면 '약 95%의 관리자가 직원들을 독려하기 위해선 급여를 높여주고 칭찬하는 것이 최선'이라고 답했다. 세상에 작은 성취의 중요성이 알려지기에 아직은 시간이 더 필요한 듯하다.

그런 점에서 적합한 직업을 찾을 때 체크해야 할 포인트는 다음과 같다.

- 일의 피드백은 어떻게 얻을 수 있는가?
- 일의 성과와 피드백이 별개인가 아닌가?

당신이 요리사라 치자. 이때 자신이 만든 요리에 손님이 기뻐하는 모습을 직접 확인할 수 있다면, 당신은 금세 피드백을 얻을 수 있고 성취감도 맛볼 수 있다. 하지만 요리사가 주방에 틀어박혀 손님의 반응을 볼 수 없는 경우도 있다. 이는 가게의 운영 효율상 어쩔 수 없는 상황이겠지만, 이런 환경에서는 성취감도 그만큼 줄어들게 된다.

이를 거꾸로 말하면 아무리 즐거운 일이라도 피드백을 얻기까지 한 달씩 걸리면 동기 부여가 제대로 되기 힘들다. 따라서 지향하는 목표가 확실하고, 자신의 작업에 대해 바로 피드백을 얻을 수 있는 일을 선택하는 것이 좋다.

덕목 3

초점

적합한 직업 찾기에
도움이 되는 성격 테스트

앞서 스텝 1에서는 '성격 테스트가 얼마나 맞지 않는지'를 설명했다. 현 시점에서 적합한 직업 찾기에 사용되는 테스트 대부분은 객관적인 데이터가 뒷받침되지 않아 일의 행복도를 높이는 데 쓸 수 없다.

이 같은 상황에서 적합한 직업 찾기에 도움이 되는 테스트로 주목받는 것이 '제어초점[Regulatory Focus]'이다. 인간의 성격을 '공격형'과 '방어형', 이렇게 2가지 타입으로 나누는 사고방식으로 컬럼비아대 연구 등을 통해 그 효과가 증명되었다.[8] '제어초점'에서는 인간의 성격을 다음과 같이 구분하고 있다.

- 공격형 : 목표를 달성해 얻을 수 있는 '이익'에 초점을 맞춰 움직

경쟁에서 이기는 게 좋고 돈, 명예 같은 외적 보상에 강한 영향을 받는다. 항상 큰 꿈을 안고 일을 효율적으로 추진하려는 경향이 짙다. 기본적으로는 긍정적이지만, 그만큼 사안을 끝까지 파고들려는 의지가 부족해 준비 부족인 채로 일을 추진하려는 것이 약점으로 꼽힌다. 작업이 마음먹은 대로 안 되면 금세 실망하고 낙담하는 경향이 있다.

- 방어형 : 목표를 '책임'의 일종으로 다뤄 경쟁에서 지지 않기 위해 움직이는 타입

자신의 의무를 다하는 것이 최종적인 목표로, 가능한 안전한 장소를 찾아 움직이려 한다. 실패를 두려워하는 경향이 강하기에 일하는 태도는 비교적 정확하고 주의 깊으며, 조금 느려도 착실히 일을 진행해 나간다. 최악의 사태를 상정해 움직이는 경향이 강하지만, 시간적 여유가 없는 경우 스트레스를 많이 받는다. 분석이나 문제 해결력이 뛰어나다.

대부분의 사람들은 둘 중 하나에 초점을 맞춰, 그 강약에 따라 일에 대한 동기 부여도가 크게 달라진다. 컬럼비아대가 실시한 실험에서는 대상자들에게 리포트 작성 과제를 부여해 3일 뒤 제출하도록 지시했다. 이때 지시 내리는 방법을 2가지 패턴으로 나눴다.[9]

❶ 리포트를 쓰기 위해 '가장 좋은' 장소와 시간을 상상해보자. 그 지점에서 훌륭한 리포트를 쓰고 있는 자신을 떠올려보자.

❷ 리포트를 쓰기 위해 '가장 나쁜' 장소와 시간을 상상해보자. 그 지점에서 리포트를 망치지 않으려 주의하는 자신을 떠올려보자.

당연히 첫 번째 지시는 '공격형' 맞춤이고 두 번째 지시는 '방어형' 맞춤이다. 일반적으로 생각해보면 둘 사이에 특별한 차이가 없을 것 같지만, 결과는 달랐다. 자신의 초점 타입에 맞는 지시를 받은 대상자는 그렇지 않은 대상자에 비해 리포트 마감기한을 지키는 비율이 약 50%나 높았다.

동기 부여 타입의 유효성은 이미 20년을 넘은 연구 결과로 뒷받침되었다. 특히 2012년에는 선행 연구 105건을 정리한 메타 분석이 이뤄져, '공격형과 방어형 구별을 통해 직장에서의 만족도와 일에 대처하는 방식 등을 어느 정도까지 예측할 수 있다'고 보고했다.[10] 일본에서도 유사한 연구 사례는 많아, 학생 아르바이트 295명을 대상으로 한 아이치가쿠인대 조사에서도 '동기 부여 타입이 일터에서의 의욕, 의지와 크게 관계된다'는 점을 보여줬다.[11]

이러한 데이터로 알 수 있는 건 '초점 타입에 맞는 업무 방식이 능력을 더 발휘하기 쉽고 직업 만족도까지 높인다'는 사실이다. 물론 이밖에도 유망한 성격 판단법은 존재하지만, 현 시점에서는 '제어초점'

만큼 질 높은 네이터가 갖춰신 테스트가 거의 없다. 따라서 자신의 초점 타입을 미리 알아두면 그만큼 직업 선택에 도움이 될 것이다.

'공격형'에 적합한 일, '방어형'에 적합한 일

그렇다면 자신의 동기 부여 타입이 어느 쪽인지를 판단해보자. 지금 소개하는 표에 나오는 16개 질문에 대해 7점 만점 기준으로 평가해보자.

이러한 질문은 '촉진/예방초점척도[Promotion/Prevention Focus Scale]'라 불리는 항목을 번역한 것이다.[12] 모든 문항별로 나온 점수를 더하면 자신의 동기 부여 타입을 판단할 수 있다.

- 공격형 : 1, 3, 5, 8, 9, 10, 11, 13
- 방어형 : 2, 4, 6, 7, 12, 14, 15, 16

채점 결과 '공격형과 방어형 중 어느 쪽의 점수가 높은지'로 당신의 동기 부여 타입을 판단해보자. 이론상으로는 양쪽 점수가 같을 가능성도 있지만, 대개는 어느 한 쪽으로 기울기 마련이다. 또 다른 연구에 따르면 '많은 이들이 무의식중에 자신의 동기 부여를 깨닫고, 초점 타입에 맞춘 직업을 선택하는 경향도 있었다.' 구체적인 사례를 살펴보자.

동기 부여 타입을 알아보는 16가지 질문

1 어떻게 하면 내 목표나 희망을 이룰 수 있는지 자주 상상한다.

2 대개 나쁜 일을 피하는 데 의식을 집중하는 편이다.

3 앞으로 내가 성취하고 싶은 일에 의식을 집중하는 편이다.

4 어떻게 하면 실패를 막을 수 있을까 자주 생각한다.

5 내 이상을 가장 우선시하고 내 희망이나 바람, 큰 뜻을 이루려 노력하는 타입이다.

6 내 책임이나 역할을 다하지 못하는 게 아닌지 자주 걱정한다.

7 두려워하는 나쁜 일이 내게 닥치는 모습을 자주 상상한다.

8 인생에서 좋은 성과를 올리는 데 의식을 집중하는 편이다.

9 직장(학교)에서의 나는 일(학업)로 내 이상을 이루고자 한다.

10 어떻게 하면 좋은 성적을 거둘 수 있을지 자주 생각한다.

11 앞으로 어떤 사람이 되고 싶은지를 자주 생각한다.

12 목표로 한 성과(성적)를 얻지 못하는 게 아닐지 자주 걱정한다.

13 바라는 일이 이뤄지는 모습을 자주 상상한다.

14 직장(학교)에서의 나는 일(학업)에서 실패를 피하고자 한다.

15 원치 않은 결과를 생각하는 내 모습을 자주 상상한다.

16 이익을 얻는 것보다 손실을 피하는 게 중요하다.

1점 : 전혀 맞지 않다 / 2점 : 거의 맞지 않다 / 3점 : 별로 맞지 않다

4점 : 어느 쪽이라 말할 수 없다 / 5점 : 약간 맞다 / 6점 : 꽤 맞다

7점 : 매우 잘 맞다

- 공격형에 적합한 직업 : 컨설턴트, 예술가, 소셜미디어 부문, 카
  피라이터 등

95

- 방어형에 적합한 직업 : 기술자, 회계·경리 부문, 데이터 분석
  가, 변호사 등

위와 같이 '공격형 인간'은 변화가 빠른 업계에 어울린다. 제품이나
서비스의 변화가 빨라 보다 유연한 발상이 필요한 일에 잘 어울린다.
반면 '방어형 인간'은 실무능력이 필요한 일에서 능력을 발휘한다. 복
잡한 데이터를 꼼꼼하게 처리하기 때문에 신중함을 높이 평가하는 업
계와 잘 어울린다.

이를 정리해보면 초점 타입에 따른 적합한 직업 선택법은 다음과
같다.

- 공격형 : 진보, 성장을 체감하기 쉬운 일을 찾는다
- 방어형 : 안심, 안정감을 체감하기 쉬운 일을 찾는다

'공격형'과 '방어형'은 당신이 선천적으로 가진 동기 부여의 특성이
기에, 후천적으로 훈련해 얼마만큼 달라질 수 있는지는 알 수 없다.
따라서 타고난 기질을 거스르지 않으며 최대한 자신에게 맞는 직업
찾기를 고민해보자.

명확성

불공평한 임금 체계를 가진 기업에서
일하면 일찍 죽는다?

아마존Amazon의 CEO 제프 베조스Jeff Bezos는 누구보다 '명확함'을 추구하는 경영자로 알려져 있다. 그중에서도 가장 유명한 일화는 아마존이 급성장하던 시기에 전체 임직원의 데이터베이스를 구축한 일일 것이다. 이 데이터베이스에는 임직원들의 행동이 정기적으로 기록되어 '누구의 활동이 회사 성장(발전)에 도움이 되는지'를 한눈에 알 수 있도록 했다.

그 목적은 '신상필벌을 명확히 하는 것'이다. '공로가 있다면 보상(치하)하고 과오가 있다면 벌한다'는 건 경영의 기본이지만, 아마존만큼 이를 철저히 지키는 기업도 찾기 어렵다.

이미 스텝 1에서도 봤듯, 우리는 자기 행복을 타인과의 비교로 정

97

하는 동물이다. 그래서 '불공평한 임금 체계'에 득히나 민감해, 스탠퍼드대가 선행 연구 228건을 조사한 메타 분석에서도 '신상필벌이 명확하지 않은 기업에선 직원들의 사망률이나 정신병 발병률이 높아진다'고 보고되었다.[13]

'신상필벌의 명확함'과 함께 또 하나 중요한 건 '과업의 명확성'이다. 자신이 해야 할 작업 순서를 모르거나 임무를 언제까지 완수해야 하는지 알 수 없는 상황에서 과연 어떤 일이 재미있고 동기 부여가 되겠는가.

이 밖에도 자주 볼 수 있는 케이스는 다음과 같다.

- 회사가 어떤 가치관으로 움직이는지 잘 모르겠다
- 지금 하고 있는 작업이 프로젝트의 어느 부분에 도움이 되는지 모르겠다
- 일의 어느 부분에 책임감을 가져야 할지 모르겠다
- 어떤 상사는 '지금 기획서를 쓰라' 하고 어떤 상사는 '회의에 참석하라' 한다

'회사에서 나의 역할을 모른 채 위에서 내려오는 지시는 겹치고, 윗선에게서도 특별한 비전을 느낄 수 없다.' 이러한 상황을 상상만 해도 동기 부여는 크게 떨어질 것 같다. 이미 수많은 데이터에서도 이런 상황이 우리의 행복도를 크게 떨어뜨린다는 결론을 내렸다.

윗선의 지시가 일관되지 못하면
직원 건강을 해친다

남플로리다대의 메타 분석을 살펴보자.[14] '업무 스트레스와 건강'에 관한 선행 연구에서 72건을 정밀 조사한 내용으로 '어떤 직장에서 일하면 건강을 해치는지' 묻는 질문에 대한 답이다.

그 결과, 불명확한 과업은 직원의 만성피로와 두통, 소화불량 등과 큰 상관관계가 있었다. 특히 악영향이 큰 건 '일에서 정확히 무엇을 요구하는지 모르겠다'와 '윗선의 지시가 일관되지 못하다'는 2가지였다. 이러한 직장에서 일하는 직원은 잠을 자도 피로가 풀리지 않고 두통이나 위통 같은 증상으로 고통 받기 쉽다.

'불명확한 과업'이라는 점에서 아마존은 허술함이 거의 없다. 베조스가 항시 '고객 제일'이라는 비전을 들어 행동하는 건 유명한 이야기다. 고객 체험을 늘리기 위해서라면 주주의 단기적인 이익 희생도 불사하고, 사내 임무는 모두 '고객을 위한 것인지'만을 토대로 구축한다. 그러면 직원들도 이에 대한 고민이나 혼란스러움을 느끼지 않는다.

조금 더 세부적인 예를 들자면, 아마존에서는 회의 전 반드시 '미팅 매뉴얼'이 배부되어, 이를 모든 참가자들이 숙지하도록 한다. 매뉴얼에 써 있는 건 다음과 같은 내용이다.

- 회의의 전제와 달성해야 할 목표
- 문제 해결책에 대한 구체적인 접근

• 가장 먼저 도출된 해결책

이런 정보를 사전에 정리해두면 모든 참가자들이 회의의 목표를 명확히 할 수 있다. 그 덕에 회의의 동기 부여를 유지하고 시간 낭비도 줄일 수 있다.

물론 그렇다 해서 꼭 아마존이 최고의 기업이라 주장할 생각은 없다. 고객 서비스를 지나치게 우선시한 나머지, 하청 계약한 배달 기사들이 그 가혹한 노동 실태를 폭로했던 건 익히 알려진 이야기다.

그런 점에서는 분명 겉과 속이 다른 면도 많은 회사이지만, 한편에서는 베조스가 철저하게 추구하는 '명확함'이 직원들의 의욕을 끌어내 폭발적인 성장에 기여한 것도 사실이다. 이는 적합한 직업 찾기에서도 마찬가지로 '신상필벌과 과업의 명확함'을 꼭 사전에 확인해야 한다.

- 회사에 명확한 비전이 있는가? 그 비전을 실현하기 위해 어떤 시스템이 마련되어 있는가?
- 인사 평가는 어떻게 이뤄지는가? 개인의 공헌과 실패를 가시적인 형태로 판단할 시스템이 갖춰져 있는가?

이러한 점은 채용 면접, 이직 헤드헌터와의 면담 등에서도 반드시 체크해 둬야 할 포인트다.

덕목 5

다양성

1억 엔짜리 복권에 당첨되어도
1년이면 익숙해진다

'임직원에게 특정 역할만 주고 그 업무에 집중하게 만든다'

　기존의 경영 이론은 그렇게 주장한다. 회계·경리 부문에는 돈 관리만 맡기고, 기획 부문에는 좋은 아이디어를 도출하는 작업만 맡기는 식이다. 확실히 특정 역할만 맡기면 직원의 전문성은 높아지고 비용, 효율 면에서도 극대화하기 쉽다. 누구든 이해하기 쉬운 사고방식이다.

　하지만 경영 효율이 극대화되었다 해서 그것이 임직원 행복에 기여하느냐 하면 꼭 그렇지도 않다. 아무리 아이디어를 내는 게 즐거운 사람이라도 그것만 요구 받는다면 어느새 숨이 막혀, 때로는 단순 사무직이나 관리 업무를 해보고 싶어질지도 모른다.

이는 심리학에서 '쾌락의 쳇바퀴[Hedonic Treadmill]'라 불리는 현상으로, 사람은 어떤 변화에도 금세 익숙해지는 성질이 있다. 그로 인해 1억 엔짜리 복권에 당첨되거나 꿈에 그리던 직책으로 승진해도, 행복도는 길어야 1년 안에 과거 수준으로 돌아올 것이다.[15] '1억 엔이 있다'는 현실이 행복의 새 기준이 되어 금세 그보다 나은 상태를 갈구하기 때문이다.

좀처럼 어려운 문제이지만 '쾌락의 쳇바퀴'에 맞설 유일한 방법으로 알려진 게 '다양성'이라는 사고방식이다. 이는 '일상적인 일로 얼마만큼의 변화를 느낄 수 있는지'를 나타내는 말이다.

- 자신이 가진 기술과 능력을 폭넓게 살릴 수 있다
- 업무 내용이 다양하고 풍부하다

즉, 위의 2가지 조건을 채운 직장일수록 일의 행복도가 높아진다는 것이다.

텍사스공과대가 약 200건의 선행 연구를 정리한 메타 분석에 따르면 '다양한 기술이나 능력을 살릴 수 있는 직장에서 일할 경우 얻는 만족도의 상관계수는 0.45'로, 앞서 본 '자유'가 초래하는 만족도와 거의 비슷했다.[16] 따라서 '다양성' 역시 적합한 직업 선택의 중요한 체크 포인트라 할 수 있다.

전체 공정에서
어디까지 관여할 수 있을까?

현재 '다양성'이라는 사고방식을 가장 잘 실천하고 있는 기업이라면 애니메이션 〈토이스토리〉 시리즈로 유명한 픽사^{Pixar}일 것이다. 이 회사에는 '픽사 유니버시티^{Pixar University}'라는 교육 시설이 존재해, 모든 임직원은 여러 가지 기술을 무료로 배울 수 있다. 그 내용은 '그림 그리는 법'부터 '실사 영화 촬영법'까지 다양해, 여기서 익힌 기술은 새로운 프로젝트에 활용할 수 있도록 한다.

사실 이 제도는 픽사에서 인재 유출을 막기 위해 시작했다. 당초 픽사도 직원별 역할을 한정지었지만, 직원들 사이에 불편함과 지루함을 호소하는 목소리가 조금씩 늘어났다. 이윽고 우수한 인재들이 하나둘 떠나는 사례가 속출했고, 이를 심각하게 받아들인 픽사 측은 '다양성'이라는 사고방식을 도입해 직원들의 불편함과 지루함을 막는 시스템 만들기에 나선 것이다.

기존의 경영 이론에서 보면 이익을 줄일 수도 있는 제도였지만, 그 덕에 픽사 직원들의 이직률을 큰 폭으로 낮출 수 있었다. 결국 우수한 인재들이 사내에 남아 장기적으로는 큰 성공을 거둔 것이다.

안타깝게도 픽사만큼 '다양성'을 중시하는 회사는 그리 쉽게 찾을 수 없지만, 그럼에도 한 가지 포인트만큼은 꼭 체크해두자.

- 프로젝트(업무)의 전체 공정에서 어디까지 관여할 수 있는가?

103

예를 들어 당신이 의류 회사에 영업사원으로 들어갔다 치자. 이때 새로운 옷의 기획회의부터 참가해 디자이너에게 요청사항을 전달하고, 그렇게 완성된 상품을 판매하는 단계까지 관여할 수 있다면, 아마도 '옷만 잘 팔면 된다'는 지시보다 동기 부여가 더 강해질 것이다. 프로젝트의 전체 흐름을 볼 수 있는 덕에 책임감도 생기고 일에 대한 의미까지 발견할 수 있기 때문이다.

중요한 건 '일의 전체 공정에서 어디까지 관여할 수 있는지'다. 비록 프로젝트의 전 과정에 관여할 수는 없다 하더라도 직업 선택의 체크 포인트로 반드시 기억해두자.

동료

**직장에 최고의 친구 3명만 있으면
일의 동기 부여는 7배까지 높아진다**

'우리는 일을 그만두는 게 아니다. 그저 그곳의 인간관계를 떠나는 것
이다.'

경영학에서 자주 듣는 이 격언은 '직장에서의 인간관계가 갖는 중
요성'을 잘 보여준다. 아무리 일 자체가 좋다 해도 권력을 휘두르며 괴
롭히는 상사, 성향이 잘 안 맞는 동료와 매일 8시간씩 얼굴을 맞대다
보면 행복도가 높아질 리 없다. 직장에서의 인간관계로 괴로워하는
건 전 세계적인 현상이라 할 수 있다.

상사나 동료가 우리 일과 생활에 미치는 영향력을 보여주는 사례
로 미국에서 500만 명을 대상으로 실시한 설문조사가 유명하다.[17] 연
구 팀은 조사 대상자의 사내 인간관계를 조사해 다음과 같은 결론을

도출했다.

- 직장에 친구가 3명 이상 있는 사람은 인생 만족도가 96%나 올라가고, 동시에 자기 급여에 대한 만족도 역시 2배가 된다(실제로 받을 수 있는 금액이 다르지 않아도 친구가 있는 것만으로 급여의 매력도 올라간다).
- 직장에 최고의 친구가 있는 경우 일의 동기 부여가 7배에 이르며 작업 속도도 올라간다.

눈을 의심케 할 정도의 수치이지만, 급여나 일의 즐거움과는 별개로 회사에 좋은 친구가 있는 것만으로도 인생이 행복해지는 건 확실해 보인다. 또 신뢰도 높은 데이터로는 플로리다주립대의 메타 분석도 참고가 된다.[18] 약 22만 명의 데이터를 분석한 결과로, 역시 '소셜 서포트(Social Support, 사회적 지지)가 일의 만족도와 관계있음'을 보여준다. 간단히 말해 '어려움을 겪을 때 도와주는 동료가 있으면 어려움 극복은 물론, 즐겁게 일할 가능성까지 크게 올라간다'는 의미다.

'나와 비슷한 사람이 얼마나 있을지' 체크해보자

최근 들어 아랫사람을 괴롭히는 상사나 동료의 악영향을 보여주는 데이터도 잇달아 나오고 있다. 그중에서도 가장 주목받는 건 '건강에 미치는 손실 데이터'로, '열악한 인간관계 속에서 일하는 사람일수록 수명이 짧아진다'는 보고가 많이 있다. 대표적인 결과를 살펴보자.

- 싫어하는 상사 밑에서 일하는 직원은 좋아하는 상사 밑에서 일하는 직원에 비해 심장발작이나 뇌졸중으로 죽을 위험성이 60% 높아진다[19].
- 싫어하는 동료 때문에 악화된 스트레스는 아무리 회사를 그만둬도 건강한 상태로 되돌아가기까지 22개월이나 걸린다[20].
- 인간관계가 나쁜 회사에서는 직원이 고혈압이나 높은 콜레스테롤 수치, 당뇨병에 시달릴 확률이 20% 증가한다[21].

인간관계 악화가 건강에 미치는 영향이 매우 크고, 그 손상된 수준은 장시간 노동이나 복리후생이 부족한 상황보다도 훨씬 나쁘다. 아무리 실적이 좋은 회사라도 싫어하는 이들에 둘러싸여 보내는 것만큼의 가치는 없을 것이다.

요약하자면 '그 회사에서 일하는 사람을 좋아할 수 있는지'를 기준으로 직장을 선택하는 것도 결코 틀리다 할 수 없다. 적합한 직업을 찾을 때는 '사이좋게 지낼 사람이 있는지'의 관점도 절대 잊지 않도록 하자.

'동료'라는 사고법을 적합한 직업 선택에 사용할 때는 다음과 같은 요소에 주목할 필요가 있다.

사람과 사람 사이를 연결하는 요소는 여러 가지가 있지만, 현 시점에서 가장 확실한 건 '우리는 나와 비슷한 사람에 호감을 갖기 쉽다'는 사실이다. 흔히 '유사성 효과[Similarity Effect]'라 불리는 심리 현상으로 상대방과의 사고나 성격은 물론, 외모와 패션, 문화적인 배경 등 어떤 요소라도 자신과 비슷하면 그만큼 호감도가 높아진다.

이 정도 포인트는 기업 방문이나 면접 때도 충분히 체크할 수 있을 것이다.

덕목 7

공헌

'가장 만족도가 높은 일'
Top 5

2007년 시카고대가 남녀 약 5만 명을 대상으로 직업 리서치를 실시
했다. [22] 연구 팀이 조사한 건 '높은 만족도를 얻기 쉬운 직업이 무엇
일까?' 하는 질문이었다. 그 결과 '가장 만족도가 높은 일' Top 5는 아
래와 같았다.

❶ 성직자

❷ 물리치료사

❸ 소방관

❹ 교육 관계자

❺ 화가 · 조각가

언뜻 상위 랭킹에 있는 직업은 분야상의 공통점 없이 모두 제각각이고, 매일 하는 작업도 전혀 다른 것처럼 보인다. 또 이 결과는 어디까지나 미국 특유의 문화가 반영된 것이며, 이것이 우리 사정에 그대로 들어맞을 리도 없다.

하지만 리스트에 들어 있는 직업에는 일의 행복을 생각하는 데 도움이 될 특유의 공통점이 있다. 연구를 주관한 톰 스미스Tom W. Smith 교수의 말을 인용해본다. "만족도가 높은 일이란 타인을 배려하고 타인에게 새로운 깨달음을 전하며, 타인의 인생을 지키는 요소를 갖고 있다."

확실히 상위권에 자리한 직업은 모두 '타인에 대한 공헌'을 반영하고 있다. 성직자는 매일매일 신자들의 고민을 함께 하고, 물리치료사와 소방관은 환자, 화재 피해자의 어려움을 도와준다. 또한 교육자와 예술가는 수용자(학생, 관객)들에게 유익한 정보나 사안을 보는 새로운 방법을 전한다.

한편 만족도가 낮은 직업에 오른 건 창고 피킹(Picking, 물류 서비스에서 보관 장소의 상품을 끄집어내주는 일-옮긴이), 계산원, 공장에서의 단순 작업 등이었다. 이러한 일이 결코 나쁘다는 건 아니지만, 역시 '자신의 노동이 타인에게 어떻게 공헌하는지'가 잘 보이지 않는다는 점이 공통점으로 꼽힌다. 창고나 공장에서의 작업은 자신의 행위로 타인이 기뻐하는 모습을 상상하기 어렵고, 그만큼 행복도는 낮아지게 된다.

이 포인트를 전문적으로 '과업 중요성[Task Significance]'이라 부른다. 이는 '그 일이 얼마나 타인의 생활에 영향을 줄 수 있는지'를 보여주는 개념이다.

'헬퍼스 하이'를
지향하는 일을 선택하라!

'누군가를 위한 일을 하라'는 건 그저 듣기 좋은 말 같지만, 이미 수많은 데이터가 공헌의 이점을 입증한 것이 사실이다. 한 조사에 따르면 '자원봉사 활동에 참여하는 사람일수록 우울증 발병률이 낮다'는 사실이 확인되었다.[23] 또 별도 실험에서는 '타인에 대한 작은 친절을 하루 5회씩 6주간 베푼 실험 대상자에게서도 행복감이 높아짐을 발견할 수 있었다.'[24] 그런 의미에서 공헌은 '과학적으로 의미가 있는 데다 보기에도 좋은 것'이라 할 수 있다.

그렇게까지 사회에 대한 공헌이 중요한 건 타인에 대한 친절로 사람이 가진 3가지 욕구가 충족되기 때문이다.

❶ 자존심 : 타인에게 도움이 됨으로써 '나는 유능한 사람'이라는 감정이 생긴다.

❷ 친밀감 : 친절 덕에 타인과 가까워진 기분이 들어 고독감에서 빠져나오기 쉬워진다.

❸ 자율성 : '타인을 위해'라는 생각이 '누구로부터 지시받은 것이

아니며 나 스스로 행복을 선택했다'는 기분으로 이어진다.

이러한 욕구는 인간이 행복을 느끼기 위해서는 결코 빠질 수 없으며, 만일 이 욕구가 충족되지 않으면 일에 대한 보람도 생기지 않는다. 이 사실은 뇌 과학 연구로도 입증되어 '사회에 도움이 되는 행위를 한 직후 뇌 속에 도파민Dopamine 이 넘친다'는 것이 확인되었다.[25] 도파민은 '의욕을 끌어내는 호르몬'으로 알려진 신경 전달 물질로, 사람들이 불법 약물로 쾌락을 얻을 수 있는 건 일시적으로 뇌 속에 도파민이 늘어나기 때문이다.

이 때문에 일부 학자들은 '친절에 의한 행복도 상승 효과'를 '헬퍼스 하이(Helper's High, 타인을 돕는 과정에서 느끼게 되는 행복감이나 활력—옮긴이)라 부른다. 굳이 약의 힘을 빌리지 않더라도 우리는 사회에 대한 공헌을 통해 충분히 행복도를 올릴 수 있다.

물론 불법적인 직업을 제외하면 타인을 위하지 않은 일이란 세상에 존재하지 않는다. 창고 피킹도 사람들이 필요로 하는 물건을 세상에 순환시키는 행위의 일부이며, 계산원이 없으면 경제도 가게도 원활하게 돌아가기 힘들다. 하지만 여기서 중요한 건 어디까지나 '자신의 행위가 타인에게 도움이 된다는 사실을 가시화하기 쉬운지' 여부다. 그 점에서는 최종 이용자와 접촉이 잦은 일, 혹은 고객과 직접 부딪힐 수 있는 직업이 유리한 게 사실이다. 적합한 직업을 찾을 때는 반드시 '공헌'의 관점을 잊지 않고 체크해보자.

미래의 가능성을
넓히는 과정

행복하게 일하는 데 필요한 7가지 덕목을 알았으니, 이제 당신의 시야를 넓히는 작업을 직접 실행해보자.

(1) 이니셜 리스트를
만든다

우선 현 시점에서 당신이 생각하는 '일에 대한 선택지'를 생각나는 대로 리스트업해 보자. 이렇게 작성된 초기 목록을 '이니셜 리스트Initial List'라 부른다.

- 지금 다니는 회사를 그만두고 다른 곳을 찾아본다
- 영업직으로 일한다

- A사 영업식으로 일한다
- 식품 제조사의 판매직으로 일한다
- 현재 클라이언트를 대상으로 창업한다
- 지금 회사에 다니면서 부업을 시작한다

선택지 내용이 무엇이든 상관없다. 지금의 내가 장래 일을 어떻게 바꿔가고 싶은지를 생각나는 대로 적으면 된다. 간혹 '아직 방향성이 보이지 않는다'며 고민하는 이도 있겠지만, 그럴 때는 솔직히 '잘 모르겠다'고만 적어도 무방하다.

(2) '덕목 주의'를 통해 가능성을 찾는다

이니셜 리스트를 만들었다면, 다음으로 '덕목 주의(注意, Attention)'를 통해 자신도 생각하지 못했던 미래의 가능성을 넓혀보도록 하자. 그 방법은 매우 간단한데, 우선 적합한 직업을 생각하기 전 '7가지 덕목'에서 좋아하는 개념을 선택한다. '자유'도 좋고 '성취'도 좋으니 7가지 개념에서 한 가지만 골라보자.

예를 들어 '오늘은 '자유'에 대해 생각해보자'고 정했다면, 일단 이 책의 '자유' 부분을 읽어보고 나서 적당한 취업 사이트를 체크해보자.

여기서 중요한 건 사이트의 검색 기능을 사용해 직종이나 업종, 연봉 등의 조건으로 추리지 말고, 사이트상에 표시된 구인 정보를 닥치는 대로 살펴보는 것이다. 그러면 다음과 같은 현상이 벌어진다.

'정시 퇴근', '토·일 휴업', '잔업 월 평균 10시간' 같은 표현이 눈에 들어온다. 지금까지 신경조차 쓰지 않던 말에 의식이 쏠리고 마치 새로운 가능성이 어딘가에서 날아든 듯한 기분이 든다. '자유'라는 단어가 뇌리에 스쳐, 재량권을 가지고 시간을 보낼 수 있을 것 같은 직업에 자동적으로 의식이 쏠리기 때문이다. 그렇게 해서 마음에 드는 선택지가 있다면, 이를 이니셜 리스트에 추가한다.

또한 당신이 '아직 인생의 커다란 방향성조차 보이지 않는' 단계라면, 일단 '직종 일람', '직종 도감' 같은 인터넷 사이트에서 '덕목 주의'를 실시해보자. 일반 사무, 강사, 백화점 판매직, 리셉션, 법인 영업, 오퍼레이터(운영직) 같은 직종을 보면서 리스트를 만들어보자.

❶ 이 직업에 어떤 긍정 요소가 해당될지를 생각한다(예, '영업하는 사람이 자신의 '공격형' 성향을 살릴 수 있을지' 등).
❷ 조금이라도 괜찮아 보이는 직종이 있다면 적어보자.

특히 이 과정은 정답이 없기 때문에 어디까지나 마음 가는 대로 항목을 정하면 된다.

'덕목 주의'를 몇 차례 실천하다 보면 생각지도 못한 직종이 모이기 시작한다. 개인영업, 일반 사무 정도밖에 선택지가 없던 데서 '판매직도 있구나', '잔업 시간이 적은 곳을 고려해보는 것도 괜찮겠네'처럼 새로운 가능성이 사연스레 보인다.

이 같은 현상을 심리학에서는 '선택적 주의[Selective Attention]'라 부른다. 우리 주변에 다양한 정보가 넘쳐나는 상황에서도 '당신이 중요하다고 인식한 정보만을 선택하고, 거기에 자동적으로 주의를 기울이는 뇌의 움직임'을 말한다. 꽤 시끄럽고 혼잡한 파티에서도 누군가 부르는 자기 이름만큼은 뚜렷이 들렸던 기억을 떠올려보자. 이 역시 '선택적 주의'의 대표적인 사례다.

이미 살펴본 대로 우리 뇌는 특정 사고로 뭉치는 경향이 강해, '자, 이제 시야를 넓혀보자'고 아무리 애써봐야 쉽게 사고를 바꾸기 어렵다. 하지만 '이 덕목을 생각해보자'고 뇌에 구체적인 자극을 주면 주의 방향이 반강제로 바뀌게 된다.

덧붙여 적합한 직업 선택이 그렇게 급한 경우가 아니라면, 아침에 '오늘은 어떤 덕목을 고민해볼지' 생각하면서 하루를 보내보는 것도 방법이다.

예를 들어 '초점'을 의식하면서 거리에 나가보면 자기도 모르는 사이 자신의 동기 부여 타입을 생각해보게 된다. '편의점 계산원은 방어형이겠네', '의류 영업 쪽이면 공격형이고,,,' 이 같은 사고가 자연스레 머릿속에 떠오르면 그만큼 굳어 있던 머리도 조금씩 풀리게 된다.

필자 역시 이를 정기적으로 실천해보는데, 거리를 걷는 것만으로도 사고 폭이 넓어지는 기분이 든다. 이것까지 포함해 꼭 한 번 시도해보자.

(3) '덕목 질문'을 통해
   미래의 폭을 넓힌다

이어 '7가지 덕목'을 참고하면서 이니셜 리스트를 더 넓혀보자. 각각의 덕목에 다음과 같은 질문을 던져 보자.

❶ 자유 : 일하는 시간과 장소, 속도를 스스로 정할 수 있는 일이나 직종은 없을까?

❷ 성취 : 일의 피드백을 명확히 확인할 수 있는 일이나 직종은 또 없을까?

❸ 초점 : 나의 동기 부여 타입을 살릴 수 있는 일이나 직종은 어떤 걸 떠올릴 수 있을까?

❹ 명확성 : 업무 내용과 평가 시스템이 더 명확한 일이나 직종은 어떤 게 있을까?

❺ 다양성 : 프로젝트의 전체 공정에 관여할 수 있는 일이나 직종은 또 없을까?

❻ 동료 : 나와 비슷한 사람이 많은 일이나 직종은 또 없을까? 그리고 사이좋게 지낼 사람이 많은 일이나 직종은?

❼ 공헌 : 타인에 대한 공헌을 가시적으로 확인할 수 있는 일이나 직종은 어떤 게 있을까? 그리고 보다 많은 이들에게 도움이 될 수 있는 일이나 직종은?

떠오른 답이 무엇이든 이니셜 리스트에 추가해보자. 모든 긍정 요소가 충족되는 일이란 그만큼 찾기 어렵겠지만, 이 단계의 최대 목적은 어디까지나 당신 시야를 넓히는 것이다. 누구에게도 밝힐(외부에 공개할) 필요가 없기 때문에 본인 생각대로 솔직히 적어보자.

(4) 8가지 질문으로 굴레를 벗어난다

그동안 미래를 넓히는 작업에 임했지만, 별도의 선택지가 좀처럼 떠오르지 않는 사람도 의외로 많을 것이다. '우리가 행복해질 수 있는 일의 공통항'이라는 문제를 진지하게 고민해본 적이 거의 없기 때문에 '시야 협착'의 굴레에서 벗어나기 힘든 것도 무리는 아니다.

'7가지 덕목'을 참고해도 그 하나하나의 선택지가 떠오르지 않을 때는 다음과 같은 질문을 추가해보자. 이러한 질문 모두 심리요법 등에서 정신적 유연성을 높이기 위해 사용되는 것으로, 사고의 한계를 확장하는 효과가 있다.

❶ 이니셜 리스트에 적은 선택지 중 어떤 것도 선택할 수 없다면 그 밖에 어떤 가능성이 있을까?

❷ 만일 지금 자금의 여유가 있다면 이니셜 리스트 상의 선택지를 택했을까?

❸ 만일 지금 아무런 불안, 걱정이 없다면 다른 가능성이 있을까?

❹ 지금까지의 노력(쏟아온 돈, 시간 등)이 모두 낭비였다면 그 밖에 어떤 선택지가 있을까?

❺ 이 이니셜 리스트가 친구 것이라면 어떤 충고가 머릿속에 떠오를까?

❻ 이니셜 리스트 상의 선택지를 택함으로써 인생에서 할 수 없게 되는 것은 없나? (예, '친구와 노는 시간이 줄어든다'거나 '현장 영업력이 더 이상 늘지 않는다' 등)

❼ 내가 존경하는 사람은 이니셜 리스트에 어떤 조언을 해줄까? (죽은 사람이나 가공의 인물 모두 OK)

❽ 나만의 네트워크(과거의 일, 친구 등)를 통해 별도 옵션을 생각할 수 없을까?

이 단계에서는 '7가지 덕목'에 해당하지 않는 일이나 직종, 사는 법을 적어도 상관없다. 확실히 각각의 요소를 충족시키는 일이 행복으로 연결되기 쉽지만, 그럼에도 '급여 수준이 높은 일은 버리기 힘들다'거나 '그냥 왠지 이 회사는 느낌이 온다'고 생각한다면 그 역시 리스트에 추가해보자. 아무리 그것이 행복으로 연결되지 않는다 해도 시야 협착의 함정에 빠지는 것보다는 훨씬 낫기 때문이다.

또 '일은 생활비를 버는 수단이다. 행복은 취미에서 얻으면 충분하기에 직업은 뭐든 상관없다'는 선택지에 마음이 끌린다면 그것까지 리스트에 더해도 상관없다. 일은 일로 구분하고 취미를 위해 사는 것 역시 '하나의 라이프스타일'이다. 사람이 사는 법에는 귀천도, 우열도 없기에 이 단계에서는 모든 가능성을 리스트업해 둘 필요가 있다.

스텝 2에서는 당신의 시야를 넓혀 일의 행복도를 올리는 데 빠질 수 없는 7가지 덕목을 살펴봤다. 사람은 누구나 '자신의 시야 한계'를 곧 '세상의 한계'로 인식하는 경향이 있기 때문에 최고의 직업을 찾기 위해서는 이 단계가 매우 중요하다.

실제로 해보면 알겠지만 미래를 넓히는 건 꽤 즐거운 작업이다. 급여나 열정, 천직, 강점이라는 기성관념의 속박에서 해방되어, 마치 자신의 가능성이 넓어진 듯한 기분이 드는 사람도 적지 않을 것이다. 이 단계에서는 그런 즐거움을 충분히 누리며 미래를 넓히는 경험을 맛보도록 하자.

적합한 직업을 찾는 과정에서 시야를 넓혀 선택지를 늘린다

1	자유	그 일에 재량권은 있는가? • 노동 시간이나 업무 속도는 어디까지 개인 재량에 맡기는가? • 업무 내용이나 스케줄을 자유로이 설정할 수 있는가? • 수입, 사내 규정 등에 자기 의견을 낼 수 있는가?
2	성취	앞으로 나아가고 있는 느낌을 얻을 수 있는가? • 일의 피드백은 어떻게 얻을 수 있는가? • 일의 성과와 피드백이 분리되어 있진 않은가?
3	초점	동기 부여 타입에 맞는가?
4	명확성	해야 할 일과 비전은 명확한가? • 조직에 명확한 비전은 있는가? 그 실현을 위해 어떤 시스템이 마련되었는가? • 인사 평가에서 개인의 공헌과 실패를 가시적인 형태로 판단할 시스템은 있는가?
5	다양성	작업 내용에 다양성은 있는가? • 프로젝트의 전체 과정에 관여할 수 있는가?
6	동료	조직에 도와줄 동료는 있는가? • 조직에서 나와 비슷한 사람(사이좋게 지낼 사람)은 얼마나 있는가?
7	공헌	세상에 얼마나 도움이 되는가? • '내 행위가 타인에게 좋은 영향을 준다'는 사실을 가시화하기 쉬운가?

미래의 가능성을 넓히는 툴

1. 이니셜 리스트를 만든다
2. '덕목 주의'를 통해 가능성을 찾는다
3. '덕목 질문'을 통해 미래의 폭을 넓힌다
4. 8가지 질문으로 굴레를 벗어난다

STEP

3

Avoid evil

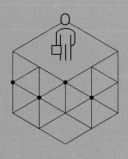

악을
피하라

– 최악의 직장에 공통된 8가지 악

"주식을 살 때는 모두 열심히 기업을 연구하면서

막상 이직할 때는

질문을 서둘러 멈추고 정보를 모으지 않는다."

- 보리스 그로이스버그(Boris Groysberg, 1971~) / 미국의 경영학자

행복한 일을
방해하는 요소

부정은 긍정보다
6배나 강하다

'악(惡)은 선(善)보다 강하다.'

과학 분야에서는 옛날부터 이런 격언이 있었다. 사회심리학자인 로이 바우마이스터Roy Baumeister 의 논문으로 유명해진 말로 '부정적인 경험은 긍정적인 경험보다 마음에 남기 쉽고 머릿속에서 사라지기 어려운' 사실을 가리키는 말이다.

사실 이 현상은 인생의 모든 영역에서 확인된다. 예를 들어 남녀 사이의 연애 관계에서는 부정과 긍정의 강도 비율이 대략 5:1이라는 사실이 밝혀졌다.[1] 만일 커플이 싸움을 한 번 했을 때 선물이나 여행 같은 긍정적인 이벤트를 5번 정도 하지 않으면 부정적인 감정을 없앨 수 없다는 것이다.

비즈니스에서는 이보나 너해 부정과 긍정의 강도 비율이 대략 6:1 정도 된다.[2] 일에서 실수를 한 번 하면, 그걸 메우기 위해선 6번 정도의 성공이 필요하다는 말이다. 누구에게나 상당히 부담스러운 이야기라 할 수 있다.

이 법칙은 적합한 직업 선택에도 적용된다. 스텝 2의 '인간을 행복한 일로 이끄는 7가지 덕목'을 기초로 미래 가능성을 넓힐 수 있지만, 그 다음으로 고려해야 할 것이 '부정적 요소'의 존재다. '보람 있는 직장이지만 노동 시간이 지나치게 길다'거나 '꿈꾸던 일을 구했지만 상사와의 관계가 어렵다'거나, 또 '회사 동료들은 좋은데 윗선의 가치관에 전혀 공감할 수 없다'거나...

아무리 자유가 보장된 일이나 성취감을 느낄 수 있는 직업을 얻었다 해도, 일하는 환경에 마이너스 요소가 하나라도 있다면 '7가지 덕목'이 안겨주는 이점도 무의미해질지 모른다.

뇌과학 데이터에 따르면 '우리 머릿속은 부정적인 정보를 3~4초만에 처리하는 데 반해, 긍정적인 정보를 오래도록 기억하기 위해서는 12초나 걸린다'고 한다. 부정적인 감정은 그만큼 빨리 우리 머릿속에 들어와 바이러스처럼 퍼진다.

요컨대 일의 긍정적인 측면만 봐서는 당신의 행복도가 올라가지 않는다. 일에서 안정을 찾고 만족감을 얻기 위해서는 직업을 선택하기 전 가능한 한 부정적인 요소를 배제할 필요가 있다.

'악'으로 가득 찬 직장은
간접흡연보다 해롭다

일에서 '부정적인 요소'란 어떤 것일까? 다행히도 이 문제에 대해 질 높은 메타 분석이 여러 건 이뤄져 '우리가 스트레스 받기 쉬운 직장의 조건'을 확인할 수 있다.

이 가운데 조직행동학자 제프리 페퍼 Jeffrey Pfeffer 가 실시한 메타 분석이 잘 알려져 있다. 시카고대가 1972년부터 매년 실시해온 전국 조사를 활용한 대규모 연구다.[3] 연구 팀은 데이터에 세밀한 해석을 더해 '임직원에게 악영향을 미치는 노동 조건'을 정리했다. 결론부터 말하자면 우리에게 악영향을 미치는 직장은 크게 2가지 특징으로 구분된다.

❶ 시간 혼란
❷ 직무 혼란

'시간 혼란'은 일하는 시간이 혼란스러워 건강상 리스크가 커지는 경우다. 무턱대고 노동 시간이 길거나 출근 시간이 매번 바뀌는, 혹은 사생활을 보낼 시간이 없어 일하는 타이밍에 문제가 발생하는 상태를 가리킨다.

또 하나 '직무 혼란'은 일이나 보수 내용에 일관성이 없어 건강을 해치는 경우다. 업무 내용이 제각각이거나 임금 지불 기준이 불공정해 업무 수행에 스트레스를 느끼는 상황을 말한다.

이러한 직장 환경에서 일하는 사람은 폐암이나 위암의 발병률이 높아지고 우울증, 불안 장애로 고생해 결과적으로는 조기사망에 이르는 경향이 있다.

둘 다 건강에 치명적인 듯 보이는데, 이 연구 논문은 '직장에서의 스트레스는 간접흡연보다 몸에 해롭다'고 결론 내린다. 간접흡연이 폐암이나 심장 질환의 리스크를 높이는 건 알려진 사실이지만, 부정적인 직장이 초래하는 심신상의 해로움은 그것을 40%나 웃돌기에 실로 무서운 이야기다.

특징 1

시간 혼란의
문제

주 3회의 시프트 워크가
체내시계를 파괴한다

당신의 심신을 파괴하는 '직장의 악'에 대해 간단히 살펴보자. 그 전제로 '시간 혼란'은 아래와 같은 하위분류로 나뉜다.

- 시프트 워크(Shift Work, 교대제 근무)
- 장시간 통근
- 장시간 노동
- 위라밸 붕괴

모두 우리 심신에 악영향을 주지만, 이중 제일 먼저 고려해야 할 것이 '시프트 워크Shift Work'다. '불특정한 타이밍에 심야, 이른 아침 시간에 일해야 하는 직무'를 가리키는 말로, 2014년 노동자 2만 명을 조사한 메타 분석에 따르면 '주 3회 이상 시프트 워크에 임한 사람은 아침 9시부터 저녁 5시까지 일하는 사람과 비교해 당뇨병 발병 위험이 42%나 높아지고 콜레스테롤, 혈압도 크게 증가했다'고 한다.[4] 또 다른 연구에서는 '연 50일 이상 시프트 워크를 계속한 사람은 뇌 기능이 크게 저하되고, 이 수치를 연령으로 환산하면 같은 나이대에 비해 평균 6.5세 정도 뇌 기능이 떨어진다'고 한다.[5]

무엇보다 시프트 워크가 몸에 안 좋은 건 체내리듬을 파괴하기 때문이다. 우리 몸은 저녁이 되면 수면을 촉진하는 호르몬이 분비되어 몸을 쉬면서 컨디션을 조정하도록 설계되어 있다. 하지만 시프트 워크로 신체 리듬이 깨지면 수면의 질도 떨어지고 심신 모두 큰 영향을 받는다.

시프트 워크는 사회 인프라와 관계된 직종이 많아 사회적 공헌도가 비교적 높은 편이지만, 개인별 신체에는 피하기 힘든 손상을 주는 것도 사실이다. 이는 일을 선택할 때 반드시 고려해야 할 포인트라 할 수 있다.

통근 시간이 길면
살이 찌고 이혼율이 높아진다

장시간 통근이 좋은 사람은 없을 것이다. 사람으로 꽉 찬 지하철에서 보내는 시간은 스트레스 그 자체로, 최근 몇 년간의 연구 데이터도

'통근 시간이 길수록 인생이 불행해진다'는 결과를 보여주고 있다.

경제학자 브루노 프라이Bruno Frey가 발표한 논문이 잘 알려져 있는데, 1985~2003년에 이뤄진 행복도 조사를 분석해 '장시간 통근이 초래하는 스트레스는 연봉이 40% 오르지 않으면 상쇄되지 않는다'는 결론을 도출했다.[6] 예를 들어 장시간 통근을 견디며 연봉 400만 엔을 받는 경우, 그 고통은 연봉이 560만 엔 이상으로 올라가지 않으면 절대 메울 수 없다는 것이다.

마찬가지로 캘리포니아대가 10만 명의 건강 데이터를 분석한 조사에서도 '통근 시간이 긴 사람일수록 비만이 많고 이혼율까지 높아지는' 경향이 있다고 한다.[7] 장시간 통근은 당신의 체형과 결혼 생활에까지 악영향을 미친다.

이러한 결과가 나온 건 장시간 통근에 우리의 라이프스타일을 좀먹는 요소가 있기 때문이다. 브라운대 연구 팀은 통근 시간이 1분 늘어날 때마다 다음과 같은 건강 위험도가 나타난다고 추정했다.[8]

- 운동 시간이 0.0257분씩 줄어든다.
- 수면 시간은 0.2205분 페이스로 줄어든다.

각국의 통근 사정이 다르지만, 일단 먼 거리의 회사에서 일하면 쉽게 이사할 수 없기 때문에 반드시 체크해둬야 할 포인트다.

주 41시간 이상 노동에서
뇌졸중 리스크가 높아진다

과도한 노동이 몸에 나쁜 건 상식이다. 어느새 '과로사'가 전 세계적으로 통용되는 용어가 되었듯이 과도한 노동의 스트레스가 당신의 행복을 파괴하는 건 틀림없다.

구체적인 수치를 살펴보면 '장시간 노동과 건강 리스크의 관계'는 다음과 같다.

- 주 노동 시간 40시간까지는 눈에 띄는 문제가 없었다.
- 주 노동 시간 41~48시간의 경우 뇌졸중 위험도가 10% 높아진다.
- 주 노동 시간이 55시간을 넘으면 뇌졸중 위험도가 33%, 심장 질환 위험도가 13%, 당뇨병 위험도가 30% 높아진다.

이상은 유럽과 미국, 일본 등에서 약 22만 명분의 데이터를 모아 8년간에 걸친 추적 조사 끝에 밝혀진 내용이다.[9]

데이터 경향은 전 세계적으로 일치해 '주 노동이 40시간을 넘을 때부터 건강이 나빠지기 시작해, 주 55시간을 넘으면 우리 심신은 확실히 손상되기 시작한다.' 이 문제만큼은 아무리 평상시부터 대처를 한다 해도 막기 어렵기에 각별한 주의가 필요하다.

휴일 근무 스트레스는
본인도 깨닫기 어렵다

앞서 살펴본 메타 분석에 따르면 '시간 혼란'에서도 인체에 가장 악영향을 끼치는 것이 '워라밸(Work-Life Balance, 일과 삶의 균형) 붕괴'였다. 집에까지 일을 가져와서 하는 건 간접흡연이 주는 손상보다 훨씬 나쁜 영향을 준다.

이에 관한 구체적인 데이터도 많아 2,600명을 5년에 걸쳐 추적한 조사에서는 '사생활과 일을 구분하지 않고 일하는 사람은 우울증에 걸릴 확률이 166%나 높아지고 불안장애 발병률도 174%나 높아진다'고 한다.[10] 2,000명을 대상으로 한 다른 연구에서도 '귀가 후에도 일을 계속하는 사람은 행복도가 40%나 낮아지는' 경향을 보였다.[11]

워라밸 붕괴가 몸에 나쁜 이유는 자명하다. 신체가 만족하며 일하기 위해서는 반드시 휴식이 필요하고, 일이 사생활을 침해하면 당연히 스트레스도 늘어난다. 하지만 더 큰 문제는 사생활에서 일을 '생각하는 것'만으로도 우리의 행복도가 크게 줄어든다는 점이다.

영국에서 이뤄진 워라밸 연구에서 연구 팀은 금융 분야에서 일하는 사람들에게 '보통 얼마나 일을 집에 가져와서 하는지' 물은 뒤 전용 계측기로 스트레스를 기록하도록 했다.[12] 그 후 2개월에 걸친 데이터를 통해 확인된 사실은 다음과 같다.

- 휴일, 혹은 퇴근 후 조금이라도 일에 대해 생각한 사람은 유의미

히기 스트레스 수치가 높아졌다.

- 일에 대한 스트레스는 운동, 마사지 같은 대책으론 줄일 수 없다.
- 대부분은 신체에 스트레스 반응이 나타남에도 불구하고 '나는 스트레스를 느끼지 않는다'고 답했다.

가장 무서운 건 이중 마지막 결과다. 예를 들어 일요일에 쉬면서 문득 '그 보고서는 어떻게 됐을까?'하고 생각하는 당신은 자신의 스트레스를 전혀 깨닫지 못한 채 심신을 갉아먹고 있다. 이는 본인의 성격 문제도 크기 때문에 한 마디로 말하긴 어렵지만, 적어도 '휴일에도 상사가 아무렇지 않게 연락하는 회사'나 '휴가 때도 일하는 것이 당연한 분위기의 기업'은 피해야 한다.

특징 2

직무 혼란의
문제

'자유로운 업무 방식'에
자유가 없는 이유

이어 '직무 혼란'이 초래하는 문제에 대해서도 살펴보자. '직무 혼란'은
다음과 같은 하위분류로 나뉜다.

- 고용이 불안정하다

- 소셜 서포트(Social Support, 사회적 지지)가 없다

- 업무의 재량권이 없다

- 조직 내 불공평한 점이 많다

이 중 '업무의 재량권이 없다'와 '조직 내 불공평한 점이 많다'는 스
텝 2의 '자유'와 '명확성'에 기초한 점이기에, 여기서는 그 외 2가지 포

인트를 간단히게 설명한다.

우선 첫 번째 '고용이 불안정하다'는 갑자기 동료가 해고되거나 간헐적으로만 일을 의뢰 받는 등, 안정감이 떨어지는 업무 방식이 우리 몸에 초래하는 악영향을 지칭한다. '불안정한 고용' 문제를 생각할 때 '긱 이코노미Gig Economy'의 사례가 도움이 될 것이다. '긱 이코노미'란 '기업에 고용되지 않고 프로젝트별로 일을 의뢰 받는 방식'을 말한다. 장소나 시간을 정하지 않는 자유로운 삶 때문에 젊은 층에서 동경하는 이들이 적지 않다.

특히 최근 들어 '개인의 시대'라는 말이 확산되어, 프리랜서나 개인 사업주를 지원하는 서비스가 늘고 있다. 그중에는 '정사원이 되지 말라'거나 '회사 형태의 고용 시대는 끝났다'는 주장까지 있지만, 한편에서는 홀로 살아남기 위한 스킬을 익히는 데 불안과 초조함을 느끼는 이들도 적지 않다.

사실 '긱 이코노미가 행복으로 가는 길'이라는 주장에는 커다란 의문이 남는다. 2018년 영국 옥스퍼드대가 아시아 국가에서 프리랜서로 일하는 658명을 인터뷰해 '온라인을 통한 긱 이코노미로 인생 만족도가 높아졌는지' 조사했다.[13] 이를 통해 밝혀진 건 '처음에는 자유롭게 일할 수 있어 좋았지만, 장기적으로는 심신의 건강을 해쳤다'는 사실이다.

이유는 간단하다. 불안정한 임금과 근무 스케줄, 다음 일을 찾지 못할 수 있다는 불안감 등이 스트레스가 되어, 이것이 길어질수록 스트레스가 쌓이기 때문이다. 또 프리랜서로 안정된 일을 얻기 위해서는 회사원 시절보다 높은 평가를 계속 유지해야 하고, 보험 등의 사회 안전망도 스스로 준비할 필요가 있다. 이러한 것도 정신에 부담을 주는 요소였다.

사회학자 제임스 에반스 James Evans 의 조사에 따르면 '실리콘 밸리에서 긱 이코노미에 참가한 이들 대다수가 평판 유지에 쫓긴 나머지, 기대만큼의 자유를 느끼지도, 누리지도 못했다'고 한다.[14] '새로운 시대의 일하는 방식'이라 하면 뭔가 좋아 보이지만, 실제로는 생각만큼 자유롭지 않은 게 사실이다.

다만 '긱 이코노미로 행복도가 올라갔다'는 데이터도 존재하긴 한다. 예를 들어 프랑스 INSEAD가 실시한 연구에서는 '긱 이코노미 참가자는 일반 직장인보다 평균 33% 정도 정신 건강 점수가 높았고, 대다수는 앞서 지적한 '재량권 증가'를 긱 이코노미의 이점으로 들었다.'[15],[16]

뭔가 데이터가 모순된 듯 보이지만 반드시 그렇진 않다. 오히려 '긱 이코노미로 행복도가 올라갔다'고 보고한 데이터 대부분은 '고도의 전문 능력을 갖춘 프리랜서일수록 자유로운 업무 방식의 이점을 얻기 쉽다'는 사실을 보여주기 때문이다.

쉽게 말해 '통계, 어학 등의 전문 스킬(기술/능력)을 가진 사람일수록 긱 이코노미에서 행복을 느끼고, 크라우드 소싱(Crowd Sourcing, '전문가 대신 비전문가인 고객과 대중에게 문제 해결책을 아웃소싱하는 것'을 말한다.─옮긴이) 등에서 저렴한 (단가의) 일을 수주하는 사람은 긱 이코노미로 되려 불행해진다'는 것이다. '개인 능력이 뛰어난 사람이 성공하기 쉽다'는 건 어느 분야에서나 마찬가지로, 여기서 새삼 긱 이코노미를 추켜세울 생각은 없다. 정말 중요한 건 '고용이냐 프리랜서냐' 하는 2가지 척도가 아니다.

소셜 서포트가 없는 직장은
흡연처럼 악영향을 준다

구글Google이 '아리스토텔레스 프로젝트Project Aristotle'라는 리서치 팀을 만들어 임직원들의 업무 방식을 최적화할 방법을 찾은 건 2012년의 일이다. 팀은 사내 180개 부서에 걸쳐 광범위한 인터뷰를 실시해 '생산성이 높은 팀은 무엇이 다른지'를 조사했다.

그때 확인된 결론은 '팀에 '심리적 안전[Psychological Safety]'이 필요하다'는 점이었다. '심리적 안전'은 '팀에 대한 신뢰감을 가리키는 말'로, 쉽게 말해 '아무리 참혹한 실패나 부끄러운 실수를 저질렀어도 이 팀(원)이라면 나를 멀리하지 않고 적절히 도와줄 것'이라는 믿음을 의미한다.

심리적 안전의 중요성에 비하면 나머지 요소의 영향력은 거의 없었다. 아무리 카리스마 강한 리더가 있어도, 또 아무리 팀 멤버들의 능력이 출중해도 심리적 안전이 초래하는 이점에 비하면 아무것도 아니었다.

구글이 찾아낸 이 발견은 예전부터 '소셜 서포트(Social Support, 사회적 지지)'라 불려온 논점이다. 직장 동료와의 관계가 우리 행복에 크게 연관된다는 건 이미 1970년대부터 알려져 왔으며, 직장에 좋은 동료들이 없는 사람일수록 심장 질환이나 암에 걸리기 쉬운 사실이 확인되었다.

참고로 2010년의 메타 분석 내용을 살펴보자.[17] 이는 약 30만 명을 대상으로 '소셜 서포트의 유무와 사망률'을 조사한 결과로 '좋은 동료나 상사가 없는 사람은 그렇지 않은 그룹에 비해 평균 50% 정도 일찍 사망하는 경향이 있다'고 한다. 연구 팀은 그 악영향에 대해 '운동 부족이나 흡연보다 크다'고 지적한다.

그만큼 소셜 서포트가 중요한 건 인류가 사회적인 동물로 진화해왔기 때문이다. 원시 환경에서는 사이좋은 이들과 함께하지 않는 한 외부 적에게 맞설 수 없고 만족할 만큼의 식재료도 얻을 수 없었다. 그런 환경에서 진화한 우리는 주위에 무리가 없으면 본능적인 위기감을 느끼는 것이다.

물론 소셜 서포트의 유무는 외부에서 판단하기 어렵지만, 일단 다음과 같은 포인트만큼은 특별히 주의해두자.

- 사내 출세 경쟁이 너무 치열한 징후는 없는가?
- 관리자가 직원들의 성과에 피드백을 주는 시스템이 있는가? 피드백을 관리자 주관에만 맡기고 있지 않은가?

- 육아, 출산 휴가, 건강 유지를 위한 지원금처럼 '직원이 어려울 때 회사가 어떻게든 도와준다'는 원칙이 있는가?
- 사내에서 어떤 교류 이벤트가 열리고 있는가?

'직장의 8대 악' 순위

앞서 '시간 혼란'과 '직무 혼란'을 통해 당신의 행복을 파괴하는 '직장의 8대 악'을 살펴봤다. 지금까지 확인한 메타 분석에 따라 각각을 피해도가 큰 순서대로 정리하면 다음과 같다.

❶ 워라밸 붕괴
❷ 고용이 불안정하다
❸ 장시간 노동
❹ 시프트 워크
❺ 업무 재량권이 없다
❻ 소셜 서포트가 없다
❼ 조직 내 불공평한 점이 많다
❽ 장시간 통근

전체적으로 보면 역시 '장시간 노동'과 '일의 불안정성'이라는 2가지 포인트가 크다고 할 수 있다. 혹시 당신이 목표로 삼은 회사에 해당되는 점은 없는지 지금 한 번 체크해보자.

물론 직업을 찾는 단계에서 모든 부정적 요소를 발견해내기란 거의 불가능하지만, 실제 이직 헤드헌터나 면접관에게 부정적인 측면을 확인해본 이 역시 '의외로' 없다. 인생의 향방을 정하는 큰 일임에도 불구하고 막상 면접에 들어가면 주저하는 경우가 많은 것이다.

경제학자로 유명한 하버드대 보리스 그로이스버그Boris Groysberg 교수는 "주식을 살 때는 모두 열심히 기업을 연구하면서 막상 이직할 때는 질문을 서둘러 멈추고 정보를 모으지 않는다"고 말했다.[18] 미래 상사나 동료에게 부정적인 인상을 주고 싶지 않은 나머지, 면접이나 인터뷰 과정에서 적극적인 질문을 삼가는 것이다.

하지만 적합한 직업 찾기에 나섰다면 질문을 망설이거나 주저할 필요가 없다. 면접관에게 묻고 싶은 걸 물어도 좋고 직원에게 직접 물어봐도 좋다. '임금 평가 시스템은 어떤가요?', '사내 경쟁은 치열한 편인가요?', '업무 재량권은 어디까지죠?' 등등, 앞서 들었던 '직장의 8대 악'에 관한 건 최소한이라도 묻도록 하자.

만일 그때 상대방이 답변을 주저하거나 뭔가 불편한 내색을 내비치거나 명확한 답을 하지 못한다는 건 위험 신호다. 그 회사에는 분명 문제가 있다고 볼 수 있다.

행복한 일을 찾기 위한
3가지 의사 결정 툴

리스트를 좁힌다

자, 여기까지 당신은 일에 관한 중요한 기준 3가지를 손에 넣었다.

❶ 일의 행복과 관계없는 요소

　(스텝 1 : 직업 선택에서 범하기 쉬운 7가지 잘못)

❷ 일의 행복으로 이어지기 쉬운 요소

　(스텝 2 : 일의 행복도를 결정하는 7가지 덕목)

❸ 일의 행복을 파괴하는 요소

　(스텝 3 : 최악의 직장에 공통된 8가지 악)

그러나 당연하게도 모든 포인트를 충족시킬 수 있는 일이 그리 쉽게 발견될 리 없다. 동료는 좋아도 상사가 싫은 경우, 혹은 작업 내용

142

에 열정을 가질 순 있지만 통근 시간이 긴 경우처럼 아무리 좋은 회사라도 반드시 부정적인 측면이 존재하는 법이다. 완벽한 직장만을 찾다 보면 아무리 시간이 지나도 좋은 일을 찾지 못할 것이다.

여기서부터는 이 문제를 해결함에 있어 '당신을 가장 행복하게 해줄 일을 선택하는 작업'으로 들어간다. 3가지 기준을 기본으로 최적의 일에 대해 생각해보고, 스텝 2에서 만든 후보 리스트를 좁혀가는 중요한 단계다.

구체적으로 사용하는 테크닉은 3가지로, 모두 비즈니스-투자 등의 의사 결정에 사용되는 방법이다. 이를 제대로 실천하면 좋은 직업을 선택할 확률이 반드시 높아진다. 그럼 간단한 방법부터 하나씩 소개해본다.

장단점 분석

'장단점 분석[Analysis of Pros and Cons]'은 18세기부터 존재하는 대표적인 의사 결정법으로, 대략적인 방침을 정할 때 사용하는 툴이다. 복잡한 수순이 필요 없기에 '이 회사를 그만둬야 할지', 'A를 이직할 회사로 정해야 할지'처럼 단순한 선택이 고민될 때 사용하면 큰 힘을 발휘한다.

'장단점 분석'의 '장점'은 라틴어 'Pros(찬성의)', '단점'은 'Cons(반대의)'에서 온 것으로, 특정 선택지에 대한 장단점을 나열하는 형태로 이뤄진다.

(1) 고민 기입

다음의 표처럼 리스트 항목 가장 위에 자신의 고민을 단정형으로 써보자. '이 회사를 그만둬야 할까'라는 고민이라면 '이 회사를 그만둔

다'로, 'A를 이직할 회사로 정해야 할까'는 'A를 이직할 회사로 정한다'
가 된다.

(2) 장단점 리스트업

자신의 고민에 대해 '장점'과 '단점' 2가지를 생각나는 대로 나열한
다. '급여가 줄어든다'처럼 수치로 보여줄 수 있는 걸 써도 좋고, '기분
전환이 가능하다'처럼 주관적인 감정 변화를 적어도 상관없다. 당신이
느끼는 장단점을 마음껏 리스트업해 보자.

장단점 분석

이 회사를 그만둔다			
장점	중요도	단점	중요도
싫어하는 상사에게서 멀어질 수 있다	5	급여가 줄어든다	4
퇴직금을 받을 수 있다	3	퇴직금이 줄어든다	2
인사 평가를 리셋할 수 있다	1	연금이 줄어든다	1
기분 전환이 가능하다	5	이력서상의 이미지가 나빠질지 모른다	2
		이직할 회사에서 처음부터 다시 해야 한다	3
		복리후생이 불리해진다	1
합계	14	합계	13

(3) 장단점 재점

리스트업한 장단점에 대해 각각의 중요도를 5점 만점 기준으로 채점한다. '가장 중요하다'면 5점이고 '거의 중요하지 않다'면 1점이다.

(4) 최종 판단

장단점 양쪽의 중요도를 합산하면 끝난다. 예로 제시된 표에서는 장점의 합이 1점 더 많아, 현 시점에서는 '이 회사를 그만둔다'의 장점이 조금 더 크다고 할 수 있다.

매트릭스 분석

'장단점 분석'은 간단하다는 장점이 있지만, 여러 선택지에서 최선을 고르는 의사 결정에는 적합하지 않다. 여러 후보에서 '어느 것이 가장 좋은지' 좁히고 싶을 때는 조금 더 복잡한 툴이 필요한데, 바로 이 때 도움되는 것이 '매트릭스 분석Matrix Analysis'이다. 디자인 엔지니어 스캇 퓨Scott Pugh가 개발한 기법으로, 감정이 들어가지 않는 객관적인 판단력을 살릴 수 있어 다양한 의사 결정에 이용되고 있다.[19] 이 분석을 다음과 같이 진행해보자.

(1) 기준 리스트업

우선 다음의 표처럼 지금까지 봐온 '일의 행복으로 이어지기 쉬운 요소'와 '일의 행복을 파괴하는 요소'를 가장 왼쪽의 '기준'열에 적어본다. 샘플 상에는 12종류의 요소를 나열했지만, 만일 현 시점에 해당되지 않는 게 있다면 삭제해도 좋다. 예를 들어 지금 입사를 생각하는 기업들 중에 '시프트 워크'로 일하는 회사가 없는 경우 그 항목은 삭제한다. 어떤 기준을 사용할지 잘 모를 때는 우선 샘플과 동일한 기준을 적어보도록 하자.

기준	가중치	A사	B사	C사
워크 앤 라이프 밸런스 (워라밸)		3	4	2
고용 안정		2	3	2
노동 시간		2	2	1
시프트 워크		1	2	5
통근 시간		3	3	1
자유 (업무 재량권)		3	2	3
성취 (피드백 시스템의 유무)		2	3	2
명확성 (과업, 비전, 평가)		3	2	2
다양성 (프로젝트 전체에 대한 관여)		2	1	2
초점 (동기 부여 타입)		3	3	4
동료 (소셜 서포트의 유무)		4	2	2
공헌 (타인에게 얼마만큼 도움이 되는지를 눈으로 확인할 수 있다)		2	3	5
	합계			

(2) 후보 리스트업

가장 위쪽 행에는 당신이 '원하는 일의 후보군'을 모두 적어보자.

이 샘플에는 3군데의 이직 희망 회사를 기입했지만, 아직 확실한 후보가 없을 경우 '법인 영업', '일반 사무'처럼 직종을 적어도 좋다. 아니면 '제조업계', '미디어업계'처럼 업종을 적어도 무방하다.

(3) 중요도 기입

각 칸에 5점 만점 기준으로 중요도를 기입해보자. '매우 좋다'면 5점을, '매우 나쁘다'면 0점을 적어보자. 예를 들어 현 시점에 'C사는 노동 시간이 길다'는 사실을 안다면 'C사와 노동시간' 칸에서는 0점, 혹은 1점을 준다. 그리고 'A사는 소셜 서포트가 높다'고 판단할 수 있는 경우 4점, 혹은 5점을 매긴다. 만일 상세한 사안들을 아직 잘 모른다면, 일단 받은 인상(이미지)으로 채점해 두고, 새로운 정보를 얻게 된 시점에 숫자를 바꿔 적도록 하자.

(4) 가중치 결정

각각의 기준마다 '가중치'를 3점 만점 기준으로 설정한다. 각 기준을 보고 당신이 '중요하다'고 생각하면 3점을, '그럭저럭 중요하다'면 2점을, '(이도 저도 아닌) 보통'이라면 1점을 매기자.

(5) 최종 판단

앞서 채점한 '중요도'와 '가중치'를 각 칸마다 곱해 모두 점수로 산출해보자. 전체 칸의 계산이 끝나면, 이번에는 각 후보별 점수를 모두 너하면 된다. 그 걸괴 현 시점의 후보 중에서는 C사가 가장 유망하다고 판단할 수 있다.

기준	가중치	A사	B사	C사
워크 앤 라이프 밸런스 (워라밸)	3	9	12	6
고용 안정	1	2	3	2
노동 시간	2	4	4	2
시프트 워크	3	3	6	15
통근 시간	2	6	6	2
자유 (업무 재량권)	3	9	6	9
성취 (피드백 시스템의 유무)	3	6	9	6
명확성 (과업, 비전, 평가)	1	3	2	2
다양성 (프로젝트 전체에 대한 관여)	1	2	1	2
초점 (동기 부여 타입)	1	3	3	4
동료 (소셜 서포트의 유무)	3	12	6	6
공헌 (타인에게 얼마만큼 도움이 되는지를 눈으로 확인할 수 있다)	3	6	9	15
	합계	65	67	71

계층 분석

마지막으로 '계층 분석[Analytic Hierarchy Process, 약칭 AHP]'이라는 테크닉을 소개해본다. 통계학자인 토머스 사티^{Thomas L. Saaty}가 미 국방부의 군축 문제에 참여했을 때 고안한 기법으로, 마이크로소프트사의 소프트웨어 품질 측정, 펜실베이니아대 교수 선발, 미 농무부의 매니지먼트 선정 등에 사용되었다. 이 밖에도 전 세계 유수의 대학에서 전문 교육 코스가 마련되었을 만큼 대중화되어 있다.

객관적인 데이터만이 아니라 주관적인 기호도 판단 재료로 조합되기 때문에 '적합한 직업 찾기'처럼 개인적인 문제를 해결하는 데에도 잘 맞다.[20] 그만큼 수순이 복잡하다는 게 단점이지만, 의사 결정의 정확도를 높이는 툴로서는 최고라 할 수 있다.

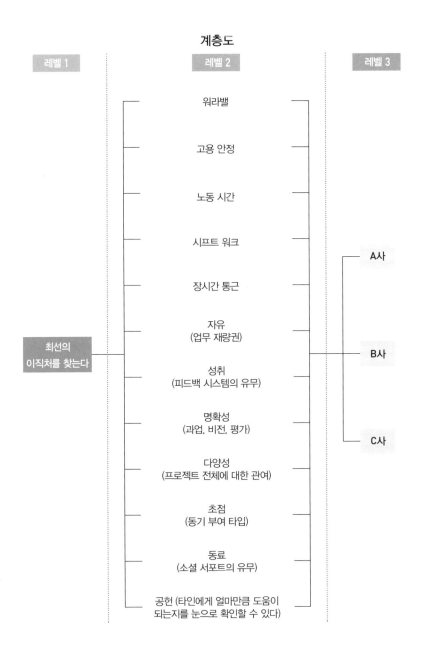

계층도

レ벨 1

레벨 2

레벨 3

워라밸

고용 안정

노동 시간

시프트 워크

장시간 통근

A사

자유
(업무 재량권)

최선의
이직처를 찾는다

B사

성취
(피드백 시스템의 유무)

명확성
(과업, 비전, 평가)

C사

다양성
(프로젝트 전체에 대한 관여)

초점
(동기 부여 타입)

동료
(소셜 서포트의 유무)

공헌 (타인에게 얼마만큼 도움이
되는지를 눈으로 확인할 수 있다)

(1) 레벨 1 설정

앞의 표처럼 우선 레벨 1 칸에 자신이 지향하는 최종적인 목표를 설정한다. '최고의 이직처를 찾는다'든지, '이직해야 할지를 결정한다'든지 일과 결부된 선택이라면 뭐든 상관없다.

(2) 레벨 2 설정

레벨 2 칸에는 지금까지 봐온 '일의 행복으로 이어지기 쉬운 요소'와 '일의 행복을 파괴하는 요소'를 리스트업한다. 샘플에서는 12가지 요소를 나열했지만, 만일 현 시점에 해당되지 않는 것이 있다면 삭제하자. 어떤 요소를 사용할지 잘 모를 때는 우선 샘플과 동일한 요소를 나열해두면 된다.

(3) 레벨 3 설정

레벨 1의 목표를 달성하기 위해 필요한 정보를 레벨 3에 적어둔다. 목표가 '최고의 이직처를 찾는다'면 레벨 3에서는 희망하는 이직처를 나열하고, 목표가 '이직해야 할지를 결정한다'면 레벨 3에는 '이직한다'와 '이직하지 않는다'는 2가지를 적으면 된다.

(4) 레벨 2 평가치 설정

원래 기본적인 '계층 분석'에서는 이 단계부터 모든 요소(조건)를 붙이지만, 여기서는 계산의 번잡함을 막기 위해 간단한 버전을 사용한다. 다음 순서대로 레벨 2에 나열한 리스트를 채점해보자.

우선 리스트 수에 따라 채점 방식을 정하자. 예를 들어 샘플에서는 레벨 2의 리스트 수가 '12'였기 때문에 '1, 3, 5, 7, 9 ,11, 13, 15, 17, 19, 21, 23'이라는 12종류의 수치를 할당하게 된다. 마찬가지로 리스트 수가 '3'이라면 '1, 3, 5'라는 3가지 수치를 사용한다. 채점에 사용하는 수치는 짝수를 사용해도 상관없지만, 홀수만 사용하는 게 나중에 더 편하다.

이어 레벨 2의 리스트에 대해 당신이 '중요하다'고 평가하는 순번을 정하고, 그 순번에 따라 앞서 정한 수치를 할당한다. 평가가 높은 데는 큰 숫자를 붙이고, 평가가 낮으면 작은 숫자를 붙이자.

중요도에 대한 판단은 당신의 '주관'으로 정해도 문제없다. 직감으로 '이게 더 중요하다'고 생각한 것에 높은 수치를 할당해보자. '주관으로 정해도 되나?' 싶을지 모르지만, 원래 '계층 분석'은 사람의 느낌이나 직감 같은 정서적인 부분을 합리적으로 수렴하기 위해 개발된 테크닉이다. 현 시점에서는 주관 쪽으로 기울어도 무방하다.

만일 각 항목별 평가가 곤란하다면 앞서 살펴본 '직장의 8대 악 순위'를 참고하자. 이 평가치는 정기적으로 수정하는 게 일반적이기 때문에 우선은 잠정적으로 수치를 정해도 괜찮다.

(5) 레벨 2 중요도 산출

레벨 2에서 채점한 평가치에서 중요도를 계산해보자. 지금부터는 수계산을 하자면 조금 복잡해질 수 있으니 아예 수식을 사용하자(엑셀 프로그램 추천). 중요도는 '각 항목의 평가치 ÷ 평가치의 총 합계'로 계산한다. 예를 들어 앞의 표에서는 12개 평가치의 합계가 144이기 때문에 '워라밸'의 중요도를 산출할 경우 '15 ÷ 144 = 0.10'이 된다(소수점 3자리에서 사사오입). 모든 항목에서 같은 수순을 반복해 각각의 중요도를 산출해보자.

레벨 2 중요도

기준	평가치	중요도
워라밸	15	0.10
고용 안정	13	0.09
노동 시간	7	0.05
시프트 워크	9	0.06
통근 시간	1	0.01
자유 (업무 재량권)	19	0.13
성취 (피드백 시스템의 유무)	17	0.12
명확성 (과업, 비전, 평가)	11	0.08
다양성 (프로젝트 전체에 대한 관여)	5	0.03
초점 (동기 부여 타입)	3	0.02
동료 (소셜 서포트의 유무)	21	0.15
공헌 (타인에게 얼마만큼 도움이 되는지를 눈으로 확인할 수 있다)	23	0.16
합계	144	1.00

(6) 레벨 3 중유도 산출

레벨 3에 대해서도 레벨 2와 마찬가지로 중요도를 산출해보자. 여기서는 레벨 2 항목과, 당신이 리스트업한 '좋을 것 같은 일'에 각각 점수를 매겨보자. 먼저 '워라밸'의 중요도를 산출하는 경우를 생각해보자.

워라밸의 레벨 3 중요도

구 분	A사	B사	C사	합계
평가치	5	3	1	9
중요도	0.56	0.33	0.11	1

자유(업무 재량권)의 레벨 3 중요도

구 분	A사	B사	C사	합계
평가치	5	1	3	9
중요도	0.56	0.11	0.33	1

초점(동기 부여 타입)의 레벨 3 중요도

구 분	A사	B사	C사	합계
평가치	3	5	1	9
중요도	0.33	0.56	0.11	1

이때 우선은 A사, B사, C사라는 각각의 후보를 두고 '과연 이 회사의 워라밸은 어떨까'를 생각한 뒤 각 회사의 평가치를 정한다. 수치 할당은 레벨 2에서 평가치를 설정했을 때와 같은 식이어도 무방하다. 대충 다음과 같은 기준으로 채점해보자.

5 = 좋다   /   3 = 보통   /   1 = 나쁘다

이 사례에서 A사의 워라밸은 '좋다'고 판단했기에 5점을, B사는 '보통'이라는 판단이었기에 3점을, 가장 '나쁘다'고 판단한 C사는 1점을 매긴다. 여기서 주의할 짐은 크게 3가지나.

- 채점에는 주관과 객관을 사용한다 : 점수를 매길 때에는 주관과 객관 양쪽을 사용해 판단한다. 현 시점에서 각 사의 워라밸에 대해 확실한 정보가 있다면 그 데이터를 근거로 채점하면 좋다. 그리고 아직 조사가 진행되지 않은 단계라면 주관으로 판단한다.
- 동일 점수는 엄격히 금지한다 : 개중에는 'A사와 B사의 워라밸은 비슷한 정도'라 생각되는 경우도 있다. 하지만 여기서 둘 다 3점(보통)을 매기면 최종적인 판단이 어려워지게 된다. 따라서 인상을 바탕으로 해도 좋으니 반드시 모든 선택지에 우열을 두도록 하자.
- 평가치 양은 선택지에 따라 늘린다 : 이 사례에서는 A, B, C 3사

민을 비교하고 있지만, 경우에 따라서는 3개 이상의 선택지를 비교하고 싶을 때도 있다. 그때는 선택지 수에 따라 평가치 양도 늘리도록 하자.

이후에는 재차 '각 항목의 평가치 ÷ 평가치의 총 합계' 공식에 따라 각각의 중요도를 계산하자. 여기서는 'A사 + B사 + C사 = 9점'이기에 워라밸에서 A사의 중요도는 '5 ÷ 9 = 0.56'이 된다(소수점 3자리에서 사사오입). 똑같은 요령으로 레벨 3 모든 항목의 중요도를 산출하면 끝이다.

꽤나 귀찮은 작업이지만, 의사 결정의 정확도를 높이기 위해서는 이러한 항목별 비교가 빠질 수 없다. 우리 뇌는 한 번에 대량의 선택지를 앞에 두면 판단하기 어려워한다.

하지만 거기서 선택지를 하나씩 비교해가면 각 기업이나 직장의 장단점이 명확해져 보다 합리적인 판단이 가능해진다. 이는 '일대 비교[Paired Comparison]*'라 불리는 기법으로 올바른 의사 결정에 빠질 수 없는 테크닉이다.

(7) 종합 평가

각각의 중요도를 산출했다면 이제 모든 수치를 합쳐 최종적인 평가를 내리도록 하자.

❶ 레벨 2와 레벨 3의 중요도를 체크하자 : 우선 '레벨 2 중요도'에서 계산한 '워라밸'을 보면 수치가 '0.10'이 된다. 이어 '레벨 3 중요도'에서 산출한 '워라밸'과 A사의 중요도를 보면 '0.56'이다.

❷ 중요도를 곱한다 : '워라밸'과 A사의 중요도를 곱해보자. 이 사례에서는 '0.10 × 0.56 = 0.056'이 된다.

❸ 중요도의 곱셈을 반복한다 : 그 후에도 '자유의 중요도 × A사의 중요도', '초점의 중요도 × A사의 중요도'처럼 레벨 2와 3의 항목을 모두 곱해보자. 그 과정이 끝나면 B사, C사 등에서도 같은 작업을 반복해 모든 중요도를 계산해보자.

❹ 레벨 3의 중요도를 모두 더한다 : 마지막으로 레벨 3의 항목마다 중요도를 더해보자. 다음 표를 예로 들면 A사의 '워라밸', '자유', '초점' 등의 항목을 더한 결과가 최종적인 평가(종합 평가)가 된다. 마찬가지로 B사, C사와 모든 항목에서 중요도를 더해보자.

종합 평가

구 분	워라밸	자유	초점	종합 평가
A사	0.10 × 0.56	0.13 × 0.56	0.02 × 0.33	0.1354
B사	0.10 × 0.33	0.13 × 0.11	0.02 × 0.56	0.0585
C사	0.10 × 0.11	0.13 × 0.33	0.02 × 0.11	0.0561

❺ 종합 평가를 비교한다 : 마지막으로 모든 종합 평가를 보고 판단하자. 이 사례에서는 A사의 수치가 '0.1354'로 가장 고득점이었기에 3가지 후보 중에서는 가장 우선해야 한다고 생각된다.

이것으로 '계층 분석'은 끝났다. 수순만 놓고 보면 꽤 복잡한 것 같지만 일단 표 수식만 제대로 작성해두면 그리 어렵지 않다. 물론 이것만으로 최고의 직업을 찾을 거라 말하진 않겠지만, 마지막까지 해보면 확실히 의사 결정의 정확도만큼은 높아진다.

또 당연한 이야기지만 이 분석은 한 번 해서 끝나지 않는다. 이후 조사에서 새로운 정보가 들어오거나 가치관에 변화가 생길 때마다 평가점을 바꿔가는 것이 보통이다. 그리고 다음 스텝에서도 의사 결정의 정확도를 높이는 작업을 반복해가기 때문에 거기서도 점수는 바뀔 것이다.

결국 '계층 분석'은 '적합한 직업 선택'이라는 불확실한 상황에서 당신을 이끌어갈 나침반으로 활용하면 좋을 듯하다. 물론 직업 선택에는 유일한 정답이 없지만, 대략적인 방향성을 아는 것만으로도 마음이 훨씬 안정될 것이다.

이 스텝에서는 적합한 직업 찾기에 고려해야 할 '직장의 악'과, 적합한 직업군을 좁히는 데 도움이 되는 '분석 기법'을 살펴봤다. 어떤 기법을 사용하더라도 그저 아무 생각 없이 일을 선택하는 것보다는 성공률이 훨씬 더 높아질 것이다.

하지만 적합한 직업 선택 과정은 아직 끝나지 않았다. 과거 연구에 따르면, 단지 기업 데이터나 자신의 기호 분석만으로는 정확도가 높은 의사 결정에 도달할 수 없기 때문이다.

과연 올바른 직업 분석에 지장을 주는 요인이란 무엇인가? 또 당신의 적합한 직업 선택을 왜곡하는 최대 포인트는? 바로 다음 스텝에서 자세히 살펴보도록 하자.

*일대 비교란. 학습 상태나 학습 효과를 판단하는 방법으로 기능 · 태도 · 이해 · 평가에 쓰인다. 만들어진 작품이나 태도, 의견 같은 것을 1대 1로 하나씩 비교해서 우열을 정하는 방법인데, 모든 대상이 반드시 다른 전부의 대상과 비교되며 우열의 점수 합계로 순위가 결정된다.—옮긴이

일에서 부정적인 요소를 가능한 배제한 뒤
선택지를 좁혀간다

최악의 직장에 공통된 8가지 악

1. 워라밸 붕괴
   - 휴일 업무 연락, 휴가 중의 업무가 당연한 경우

2. 고용의 불안정
   - 갑작스러운 해고, 수입과 일이 끊길 수 있다는 불안감

3. 장시간 노동
   - 주 41시간 이상의 노동

4. 시프트 워크

5. 업무 재량권이 없다

6. 소셜 서포트(사회적 지지)가 없다
   - 조직 내 경쟁이 너무 치열하다
   - 사내 교류 이벤트가 없다
   - 명확한 시스템 없이 피드백을 관리자에게만 맡긴다
   - 각종 휴가, 지원금 등 '어려울 때는 조직이 도와줄 수 있다'는 원칙이
     없다

7. 조직 내 불공평한 점이 많다

8. 장시간 통근

3가지 의사 결정 툴

1. 장단점 분석

2. 매트릭스 분석

3. 계층 분석

STEP
4

Keep human bias out

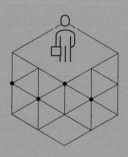

편향을
극복하라
– 버그를 없애기 위한 4대 기법

"가장 속이기 쉬운 사람은
바로 자기 자신이다."

- 에드워드 불워 리턴 (Edward George Earle Lytton Bulwer-Lytton, 1803~1873) / 영국의 정치가

우리 뇌에 도사린
편향이라는 '버그'

의사 결정의 질을
6배나 높이는 '프로토콜'

스텝 3에서는 '당신의 직업 선택을 분석하고 어떤 후보가 더 좋은지' 를 수치로 분석해보았다. 이를 통해 아무런 계획이나 전략 없이 직감 으로 정하는 것보다는 확실히 현명한 판단이 가능했다.

하지만 올바른 직업 선택으로 향하는 여정은 아직 계속된다. 우리 의 의사 결정력은 태생적으로 심각한 버그를 안고 있어, 아무리 기업 데이터나 자기 분석을 철저히 한다 해도 올바른 직업 선택은 쉽지 않 기 때문이다.

최근 경영학계에서는 '정보를 분석할 때 반드시 머릿속 버그를 없 애라'는 사고방식이 일반화되고 있다. 이에 대한 사례로 맥킨지는 각 회사의 경영진 2,207명을 대상으로 실험을 실시했다. 이들이 내린

1,000건 이상의 의사 결정을 모아 '다른 서비스에 투자해야 하는지', 혹은 '새로운 사업에 진출해야 하는지'처럼 사업상의 결단이 어떤 성과를 올렸는지를 체크했던 것이다.[1]

경영진의 의사 결정 스타일은 2가지 측면에서 조사했다.

- 사안을 결정하기 전 어떤 데이터를 분석했는가?
- 사안을 결정하기 위해 프로토콜(Protocol, 순서)은 정했는가?

'당연하게도' 경영진 대부분은 의사 결정 전 대량의 데이터를 분석했다. 불확실성에 대응하기 위해 감도 분석(Sensitivity Analysis, 어떤 종류의 의사 결정 모델을 이용해 해답을 끌어내는 경우, 매개 변수나 데이터 변동이 해답이나 결과에 어떤 영향을 미치는지 보기 위해 실시하는 조사 분석을 말한다.—옮긴이)을 실시하거나 수준 높은 재무 모델을 사용하거나, 혹은 자본 조달 가능성을 숫자로 면밀히 파악하는 게 일반적이었다.

반면 의사 결정의 프로토콜을 확실히 정한 경영진은 '의외로' 거의 없었다. 예를 들어 제3자 의견을 듣거나 사내에서 반대 의견을 수렴하거나 최악의 상황을 상정하는 등 분석 내용을 근거로 어떤 순서로 결단할지를 정한 경영진은 소수에 불과했다.

그 후 각각의 의사 결정이 얼마만큼의 이익으로 연결되었는지를 확인한 결과 다음과 같은 사실이 밝혀졌다.

- 올바른 의사 결정을 위해서는 면밀한 데이터 분석보다 머릿속 버그를 없애는 프로토콜이 6배나 중요했다

놀랄 만한 수치 아닌가? 아무리 정밀한 모델로 분석했더라도 머릿속 버그에 맞서기 위한 프로토콜을 정해두지 않으면, 의사 결정을 그르칠 확률이 훨씬 높다는 것이다.

연구 팀은 말한다. "결코 '분석' 그 자체가 무의미하다고 말할 생각은 없다. 다만 이번 연구 데이터를 잘 보면 제대로 된 프로토콜을 사용한 의사 결정은 대부분 양질의 분석이 뒷받침되어 있다. 왜냐하면 프로토콜로 인해 머릿속 버그가 사라진 결과, 질 낮은 분석이 배제되었기 때문이다."

결국 머릿속 버그를 적절히 제거하면 당신이 올바른 결정을 내릴 수 있는 확률은 그만큼 높아진다. 물론 그 작업이 결코 즐겁지만은 않겠지만, 데이터 분석보다 6배나 중요하다면 철저히 할 수밖에 없다.

아무리 머리가 좋아도
20%는 틀리는 퀴즈

우리가 선천적으로 갖고 태어난 버그를 행동경제학에서는 '편향[Bias]'이라 부른다. 직역하면 '한쪽으로 기울어진 관점' 정도로, '사람이 항시 일정한 패턴대로 실수를 범하는 현상'을 지칭한다.

편향의 한 예로 다음과 같은 퀴즈를 살펴보자.

'어떤 아버지와 아들이 자동차 사고를 당해 아버지는 인근 병원으로, 아들은 다른 병원으로 이송되었다. 다행히도 아들이 이송된 병원에는 뛰어난 실력을 갖춘 병원장이 있어 그 원장이 직접 아들을 치료하게 되었다.

하지만 병실로 이송된 아들을 보자마자 원장은 고개를 떨궜다. "난 수술 못할 거 같아요. 내 아들이라 실패할까 두렵거든요." 대체 어찌된 일일까?'

혹시 사고를 당한 아버지가 엄마의 재혼 상대였던 걸까? 아니면 또 다른 사정이 있을까? 꽤나 이해하기 힘든 상황이지만 답은 '의외로' 심플하다. 바로 그 원장이 아들의 엄마였던 것.

이 퀴즈는 심리학 연구에서 실제 사용되는데, 아무리 지성이 뛰어난 그룹에서도 정답을 틀린 이가 20%에 달한다고 한다. 그들은 문제를 듣자마자 '원장이 남성임에 틀림없다'고 생각해 다른 가능성을 찾으려 하지 않았기 때문이다. 이것이 편향의 기본적인 사고 틀이다.

편향에는 여러 종류가 있는데, 지금까지 연구로 확인된 것만 해도 170종이 넘는다. 각각의 편향에는 의사 결정을 잘못하게 만드는 것, 기억을 왜곡하는 것, 인간관계를 망치는 것 등이 있어 거의 모든 상황에서 우리를 잘못된 방향으로 이끈다.

적합한 직업 선택에서도 마찬가지다. 예를 들어 '확증 편향[Confirmation Bias]'이 대표적으로 꼽힌다. 이는 '자신이 믿는 것을 뒷받침해 줄 정보만을 모으는 심리'로, 만약 '현 시대는 자유롭게 일하는 방식이 최고'라 생각하면, 회사로부터 독립해 성공을 거둔 사람의 정보만을 모으고 비슷한 사고방식을 가진 이들과만 어울리는 것이 전형적인 사례다.

일단 이 상태에 빠진 사람은 대기업의 좋은 뉴스, 혹은 독립에 실패한 사람의 정보에는 눈길도 주지 않는다. 그리고 마지막에는 자신과 다른 방식을 선호하는 이들을 비판(공격)하는 경우가 적지 않다. 마치 이단 종교의 생성과 비슷한 메커니즘이다.

우리가 극복해야 할 편향은 상당히 많은데, 여기서는 '확증 편향' 외에 직업 선택 과정에 방해가 되기 쉬운 것 위주로 간단히 살펴본다.

- 앵커링 효과[Anchoring Effect]

선택지를 제시 받은 이미지와 방법(처음에 인상적이었던 숫자, 사물 등의 기준)에 따라 전혀 다른 결정을 내리는 심리 현상이다. 예를 들어 당신이 이직할 곳을 정하는 첫 단계에서 '연봉 500만 엔'을 주는 기업에 끌렸다고 치자. 그러자 '연봉 500만 엔'이라는 숫자가 어느새 기준치가 되어, 스텝 1에서 본 것처럼 '돈은 중요하지 않다'고 머리로는 알아도 결국 그 이하의 연봉에는 뭔가 부족하다고 느낀다.

- 진실 착각 효과[Illusory Truth Effect]

반복적으로 보고 듣는 것만으로 '그 정보가 진실'이라고 느끼는 심리를 말한다. 뉴스 사이트 등에서 '앞으로의 업무 방식에는 기존 룰이

통하지 않을 것'이라든가 '앞으로는 개인 능력이 중요한 시대'라는 말을 여러 번 들었다면 특별한 데이터나 수치가 뒷받침되지 않아도 그것을 사실로 여긴다.

• 포커싱 효과[Focusing Effect]

직업 선택에서 당신이 중요하게 생각하는 포인트가 실제보다도 영향력이 큰 것처럼 느껴지는 상태를 말한다. '구글처럼 사내 식당이 충실했으면 좋겠다'고 생각하다 보면, 사내 식당이 안겨주는 기쁨(이점)이 필요 이상으로 크게 느껴진다. 이에 따라 '(다른 건 몰라도) 복리후생만큼은 절대 양보할 수 없다'고 생각해 복리후생을 중시하는 회사를 실제보다 더 좋게 느낀다.

• 매몰 비용[Sunk Cost]

지금까지 많은 돈과 시간을 들였다는 이유로 이점이 없는 선택에서 빠져나오지 못하는 상태를 말한다. 몇 년간 열심히 일한 직장이라면 아무리 실적이 가파른 하강곡선을 그린다 해도 금세 이직을 결심하기 어려울 것이다. 과거와 자신을 분리하는 건 누구에게나 쉽지 않은 일로, 이 또한 당신의 행복도를 떨어뜨리는 요인이 된다.

• 감정 편향[Emotional Bias]

자기 생각이 잘못되었다는 확실한 증거가 있어도 긍정적인 감정을 일으키는 정보에 달려드는 심리 경향이다. 냉정한 사실을 받아들이기란 누구나 어렵고 힘든 일이다. 부정적인 감정을 피하고 싶은 나머지 '좋아하는 일을 직업으로 삼자'거나 '10년 뒤 유망한 기업은 이것'이라는 가벼운 정보에만 관심을 갖기 쉽다.

'어리석은 건 다른 사람들뿐'이라는 인식 문제

여기까지 읽다 보면 왠지 기분이 축 처질지 모른다. '당신은 무의식중에 잘못된 판단을 내리고 있다'는 이야기를 들었을 때 기분 좋을 사람이 있을까. 그리고 자신의 잘못을 인정하기란 누구나 어렵고 싫은 일이기도 하다.

하지만 만일 이 시점에 그런 부정적인 기분이 들었다면, 나는 되려 좋은 징후라 생각한다. 왜냐하면 이 문제에서 가장 성가신 건 대부분이 '그런 사람이야 많지만, 막상 내 문제는 아니'라고 생각하기 때문이다. 우리는 '어리석은 건 다른 사람들뿐'이며 '편향 같은 건 나와 관계없다'고 여기는 경우를 꽤 자주 볼 수 있다.

이 같은 현상이 벌어지는 장면은 현실 속에서 꽤 많다. 많은 이들이 적합한 직업 선택은 물론, 결혼 상대를 택하거나 투자처를 정하는 일처럼 인생을 좌우하는 장면에서도 눈앞의 정보로만 사안을 속단해버린다. 아니, 자신이 한정된 정보로만 의사 결정을 내린다는 것 자체도 깨닫지 못하는 경우가 대부분이다.

심리학 전공 학생들을 대상으로 한 실험에서는 그들이 평소 아무리 많은 편향 관련 논문을 읽었다 해도 대부분이 '나만큼은 괜찮다'고 답했다. 편향 연구로 노벨상을 수상한 대니얼 카너만도 이 같은 결과를 접한 뒤 '심리학을 가르치는 게 허무하다'고 개탄했을 정도다.[2]

이렇게 말하는 필자도 '나는 괜찮다'는 함정에 빠진 경우가 적지 않아, 그때마다 이후 설명하는 테크닉을 사용해 편향의 늪에서 헤어 나오곤 한다. 앞서 살펴본 확증 편향의 설명을 읽고, 만일 '자주 있는 이야기지…' 정도로만 생각할 경우 당신도 이미 편향의 늪에 빠져 있을 가능성이 크다.

다만 아무리 '편향을 내 일처럼 생각하자' 해도 거기에는 한계가 있다. 편향은 거의 유전자 수준으로 각인된 강력한 버그이기 때문에, 우리가 잠시만 긴장을 늦춰도 의식 속에 스며들고 사고 자체가 이미 왜곡되었다는 사실조차 깨닫지 못한다. 그러므로 자신의 사고가 왜곡되었는지 여부를 꾸준히 확인하려는 노력이 더 현실적이지 않을까 한다.

여기서 명심해야 할 점은 '사전에 특정 프로토콜을 정해두고 자신의 편향을 하나하나 체크하는 노력'이다. 모든 선택지를 균등하게 검증하는 것 외에 다른 방법은 없다.

그렇다면 과연 적합한 직업 선택을 방해하는 편향 제거 프로토콜이란 어떤 것일까?

앞서 이야기한 대로 편향의 종류는 다양하기 때문에 모든 문제에 일일이 맞서다 보면 직업을 선택하는 일만 하다 인생이 끝나고 말 것이다. 따라서 여기서는 모든 편향에 일정한 거리를 두기 위한 포괄적 프로토콜을 소개한다. 그 내용은 크게 '시간 조작계'와 '시점 조작계'로 나뉘며, 어떤 기법으로 시험하든 상관없다. 우선은 해당 내용을 개괄적으로 파악해보고 잘 어울릴 만한 기법을 선별해 사용하자.

만일 이제부터 소개하는 테크닉으로 자기 자신의 편향을 깨닫는다면 스텝 3에서 실시한 '매트릭스 분석', '계층 분석'의 점수도 수시로 수정해보자. 예를 들어 편향을 극복해 나가는 과정에서 '초점'에 맞는 일이 생각보다 중요했다고 깨달은 경우, 그것이 '매트릭스 분석'이라면 '초점'의 가중치를 늘리고 '계층 분석'이라면 레벨 2에서 '초점'에 할당된 평가치를 올린다.

마찬가지로 'A사의 워라밸을 과대평가했다'고 깨달았다면 'A사와 워라밸'에 대한 점수를 낮추도록 하자. 이 작업을 어디까지 할지는 명확한 기준이 없지만, 기본적으로 편향 극복 작업은 횟수를 거듭할수록 정확도가 높아진다. 최종적인 결정 시한에 가까워질 때까지 상황을 보면서 자신의 편향을 체크해보자.

시간조작계 프로토콜

이미 스텝 1에서 살펴본 대로 우리는 미래 예측이 힘든 동물이다.
그래서 미래의 비전을 뚜렷이 하는 것을 잊은 채
'어쨌든 지금 하는 일이 싫으니 그만두자'거나 '성장하는 업계, 기업이니까
들어가고 싶다'처럼 무조건 반사적으로 행동한다.

'시간 조작계 프로토콜'은 바로 이 문제를 해결하기 위해 사용한다.
'장래를 가능한 뚜렷이 그리면서 근시안적인 판단을 리셋하는' 것이
최종 목표다.

기법 1

10-10-10 테스트
– 이 선택을 10년 뒤에는 어떻게 느낄까?

'10-10-10 테스트'는 서닐리스트 수시 웰치Suzy Welch가 개발한 의사 결정 프레임 워크다.[3] 각각의 선택지를 두고 다음과 같이 생각해보자.

❶ 이 선택을 10분 뒤에는 어떻게 느낄까?

❷ 이 선택을 10개월 뒤에는 어떻게 느낄까?

❸ 이 선택을 10년 뒤에는 어떻게 느낄까?

이처럼 단기-중기-장기의 타임라인을 사용해, 일단 눈앞의 편향에서 자신을 분리하는 것이 '10-10-10 테스트'의 목표다. 예를 들어 당신이 '이직해야 할지' 고민하는 경우 다음과 같이 사용해본다.

177

- 10분 뒤에는?

  '지금 이직을 결심했다면 10분 뒤에는 싫어하는 일에서 해방되어 후련한 기분이 들까?'

- 10개월 뒤에는?

  '적어도 처음 느꼈던 해방감은 약해질 것이고, 다음 일에 익숙해지는 데 필사적이지 않을까? 그렇다고 이직 자체를 후회할 것 같진 않은데...'

- 10년 뒤에는?

  '10년 뒤에는 이직 고민이 어떠했든 간에 지금보다는 나아질 것이다. 10년 전 했던 선택이 틀리진 않았을 거야.'

이 케이스에서는 최종적으로 '이직을 잘했다'고 결론 내렸지만, 사람에 따라서는 '그대로 남는 게 더 나았을지도', 혹은 '장기적인 관점에서 보면 이직해야 할까 하는 문제 설정부터 틀렸다'는 판단에 이르는 경우도 있을 것이다. 어느 쪽이든 눈앞의 감정만으로 판단하기보다 정확도 높은 결론을 내릴 수 있다.

자신을 확장하면
한 단계 위의 판단력을 기를 수 있다

안타깝게도 '10-10-10 테스트'에는 정식으로 조사·해석을 거친 연구가 없지만, '미래의 자신을 이미지화하면 판단력이 좋아진다'는 건 수많은 데이터로 확인되었다.

하버드대의 실험 결과를 살펴보자.[4] 남녀 81명을 대상으로 한 테스트에서 연구 팀은 각각의 조사 대상자에게 '가까운 과거', 또는 '가까운 미래', '먼 미래'의 자신을 5분 만에 상상해보도록 했다. '며칠 전 자신은 무엇을 하고 있었는가?', '수십 년 뒤에는 어떤 일을 하고 있을까?'처럼 여러 시간 축에서 과거, 혹은 미래의 이미지를 그리도록 한 것이다.

그 후 대상자들에게 '우거진 산림이나 눈 덮인 산을 여행할 때 무엇을 가져가야 하는지' 질문해 각각의 판단력에 틀림이 없는지를 조사했는데, 그 결과 명확한 차이가 나타났다. 가까운 미래, 또는 먼 미래의 자신을 그린 그룹은 다른 그룹보다 판단력을 묻는 질문에 우수한 답을 내놓는 확률이 높아졌다.

미래를 생각함으로써 판단력이 나아지는 현상을 심리학에서는 '자기 확장[Self-Expansion]'이라 부른다. 예를 들어 단순히 '이직해야 할까?'를 생각했을 때는 사고가 '지금'의 자신으로 굳어져 발상의 틀을 그 이상 넓힐 수 없었다. 하지만 미래 모습을 명확히 이미지화해보면 '지금 내 선택이 장래로 이어진다'는 사실을 새삼 실감할 것이다. 그 결과 보다 폭넓은 판단을 내리기 쉬워진다.

사실 필자도 앞서 이야기한 '10-10-10 테스트'를 자주 사용했다. 오랫동안 일한 출판사에서 다른 회사로 옮길 때, 또 샐러리맨을 그만두고 프리랜서가 되었을 때치럼 중요한 결정의 순간에 10년 뒤 자신을 상상하면서 의사 결정을 내린 것이다. 어쩌면 지금 내가 그럭저럭 프리랜서로 살아갈 수 있는 것도 정기적으로 내 자신을 확장해온 덕일지 모른다.

기법 2

프리모텀
– '사전 부검'으로 미래 예측도가 30% 높아진다

'프리모텀Premortem'은 2000년대부터 하버드내 비스니스스쿨 등에서 널리 사용되어온 편향 극복 기법이다. '포스트모텀Postmortem'이라는 의학 용어에서 힌트를 얻은 말로, 직역하면 '사전 부검'을 지칭한다.

용어 자체에서 뭔가 오싹한 느낌이 들지만, 사실 사고방식 자체는 굉장히 심플하다. '실패를 전제로 의사 결정을 내리는 것'이 최대 포인트다. 굳이 자신의 직업 선택이 실패한 미래를 머릿속에 떠올려 편향의 영향을 한계까지 줄이는 테크닉이다.

이미 여러 연구에서 그 효과가 인정되어, 펜실베이니아대 연구에 따르면 '프리모텀을 사용한 조사 대상자는 미래 예측의 정확도가 평균 30%나 올라갔다'고 한다. [5] 비즈니스 분야에서는 관리 기법으로 사용되는 경우가 많지만, 최근에는 폭넓은 유효성이 인정되어 직업 선택에 사용되는 경우도 늘고 있다. 그 구체적인 순서를 설명해본다.

(1) 실패 상정

지금으로부터 3년 후 미래를 상상해, 당신의 선택이 '완전한 실패'로 끝난 장면을 떠올려보자.

이직한다면 전혀 흥미 없는 일을 맡는다. 실적이 매우 불안정한 나머지 장래마저 불안해진다. 일을 바꾸면 그때까지 쌓아온 인맥, 연줄 같은 인적 네트워크도 잃게 된다. 급여는 늘었지만 일이 너무 많아 사생활 자체가 없게 된다.

'완전한 실패' 내용은 주관으로 정하자. '만일 내 선택이 틀렸다면 어떻게 될까' 생각하면서 '당신에게 이 결과가 최악'이라 생각하는 미래를 5~10분 정도 들여 종이에 적어보자.

'실패를 상상하다 보면 부정적인 기분이 든다'고 여기는 이도 있겠지만, '시야 협착'을 설명할 때 말한 '자신감 과잉' 문제를 막기 위해서는 최악의 미래를 상정하는 게 최선이다.

(2) 원인 분석

이어 앞서 이미지화한 '완전한 실패'가 어떤 원인 때문에 벌어졌는지를 종이에 적어보자. 자신이 평소부터 어떤 실수를 범하기 쉬운지 생각해보고, 현실에 있을 법한 이유를 가능한 떠올려보자. 실패 원인이 떠오르지 않을 때는 다음 질문에 대해 생각해보자.

- 만일 자신이 선택한 모든 일이 틀렸다면 어떨까?

- 이직하고 싶은 회사와 궁합이 잘 맞다고 생각한 이유는 무엇인가?
- 이직한 곳이 앞으로 유망하다고 생각한 이유는 무엇인가?
- 남들에게 보여주기 좋은 직책이나 직종에만 이끌려 직장을 정하지 않았나?
- 같이 일하는 상사가 회사를 떠나면 이직 회사에 대한 판단이 달라졌을까?
- 회사의 실적이 계속 상승했다면 이직 판단은 바뀌었을까?
- 직장에서 잘할 수 있었던 데에는 동료나 상사의 협력, 회사 직책 등의 덕이 얼마만큼 컸는가?
- 이직한 곳의 급여가 다르지 않더라도 이직했을 것인가?
- 그 일을 선택함으로써 지금까지 쌓아온 인간관계나 연줄에 영향이 미치지 않았을까?
- 기존 상황에 만족하지 않은 건 상황이나 환경 탓이 아니라 나 자신에게 잘못이 있던 것은 아닌가?
- 직업 선택 스케줄이 충분하다고 생각한 이유는 무엇인가?

(3) 과정 상기

실패 원인을 깨닫는다면, 그 과정을 시간 순으로 상세하게 이미지화해 보자. 예를 들어 '이직하면 불공평한 급여 체계로 일할 의욕이 떨어진다'는 이유라면, 당신의 결정이 실패로 끝날 때까지 어떤 경위가 있있는지를 순서대로 상상해보자.

'다음 직장을 구할 때까지 시간이 없어서 인터넷 검색만으로 면접을 결정했다 → 면접 때 담당자에게 '실적을 평가받는 방법'을 묻지 않았다 → 입사하고 6개월 정도 지났을 때 나보다 중요하지 않은 일을 하는 동료가 급여가 더 많다는 사실을 알게 되었다'

대개 2~3 단계 정도로 시간 축을 나눠 실패 과정을 이미지화해 보면 쉬울 것이다.

이 단계에서는 얼마만큼 생생하게 실패 과정을 이미지화할 수 있는지가 중요한 포인트다. '면접에서 중요한 내용을 묻지 않았다'는 후회나 불공평한 임금 체계에서 느끼는 화(분노)의 감정을 마치 진짜 벌어진 일처럼 상상해보자. 조금 부정적인 기분이 들진 몰라도, 그만큼 '확증 편향'에 빠지지 않고 내게 맞는 일을 선별할 수 있는 확률이 높아진다.

(4) 대책 고안

여기서는 앞서 생각한 실패의 해결책을 고민해본다. '실적의 평가 방법을 사전에 사내 구성원에게 알아보고 면접에서도 제대로 질문한다', '일을 선택하는 스케줄을 재검토해 보다 현실에 기반한 일정을 짠다'처럼, 실패를 막기 위해 어떻게 하면 좋은지를 생각해보자.

실패를 막기 위한 대책이 만들어지면 일을 선택하는 과정도 재조정하자. 프리모텀 과정에서 '나는 금전적인 부분에 지나치게 구애되었다'는 사실을 깨달았다면 급여 부분을 빼고 후보를 다시 짜보자. '이직하기까지의 스케줄이 너무 촉박했다'고 생각한다면 보다 여유 있는 일정을 짜보자. 그리고 '지금 하는 일이 사실 그렇게까지 나쁘지 않았다'고 생각한다면 이직안 자체를 재검토해본다.

이처럼 각각의 문제에 대해 명확한 계획을 세우도록 하자. 과거 프리모텀 연구에 따르면 이 단계에서 조사를 소홀히 했다거나 '눈앞의 일만 생각했다', '대인 관계 문제를 회피하고 싶었을 뿐'이라는 문제를 깨달은 이가 적지 않았다고 한다.

반복해서 말하지만, 아무리 합리적인 사고력을 가진 사람이라도 의사 결정의 정확도에는 왜곡이 발생한다. 이 문제를 막기 위해서는 지금 판단에 자신이 있든 없든 간에 일단 '프리모텀'으로 의사 결정의 질을 체크하는 수밖에 없다.

시점 조작계 프로토콜

편향 문제란 요약하자면 '인간은 자기 자신을 가장 모른다'는 사실로
귀결된다. '타인에게 충고는 잘하면서 막상 자기 문제는
제대로 대처할 수 없다'는 고민을 가진 이가 적지 않다.
이 현상은 여러 실험을 통해 확인되어
속칭 '솔로몬의 역설(Solomon's Paradox)'로 불리기도 한다.
고대 이스라엘의 국왕 솔로몬은 깊은 지혜를 가진 현자로 알려졌지만,
정작 자신에게 벌어진 문제에는 굉장히 약했던 사람이기 때문이다.

'시점 조작계 프로토콜'은 그런 '솔로몬의 역설'에 맞서는 데
도움이 될 테크닉이다.
문자 그대로 '시점을 조절해 편향을 극복하는 기법'으로서
우리에게 정확한 판단을 하도록 도와준다.

3인칭 노트
– 카이사르를 따라하면 의사 결정의 정확도가 높아진다

'여러 관점으로 사안을 보자'는 충고를 자주 듣지만, 그만큼 따르기는 쉽지 않다. 만약 여러 관점을 반영할 수 있다면 적합한 직업 선택도 어렵지 않을 것이다.

바로 이때 우선 사용할 수 있는 기법이 '3인칭(일리이스트) 노트'다. 여기서 '일리이스트illeist'는 라틴어 ille(3인칭의 의미)에서 온 말로, 고대 로마 시대 정치가인 율리우스 카이사르Gaius Julius Caesar가《갈리아 전기》에서 스스로의 행동을 '그는 마을을 둘러싼 채 공격했다'고 해설하는 등 자기 일을 마치 다른 사람 일처럼 기록한 수사법에서 연유한다.

'3인칭 노트'의 요점 역시 마찬가지로 '자기 행동을 3인칭으로 기록하는 것'이 최대 포인트다. 원래 캐나다 워털루대가 편향 극복의 프로토콜로 제창했는데, 300명을 대상으로 한 실증 연구를 통해 그 효과

가 입증되었다.[6]

　연구 팀은 우선 조사 대상자들에게 '그날 했던 의사 결정 중 가장 고민되었던 걸 말해 달라'고 했다. 이에 대상자들은 '일을 그만둘지 고민했다'거나 '상사와 다퉜다'처럼 일상적인 문제들을 떠올렸다.

　이어 그 '일상의 고민'을 3인칭 시점의 일기로 설명하도록 했다. '그는 일을 그만둘지 고민하며 이직 사이트에 들어가 더 나은 조건의 직장을 찾았다'처럼 본인이 한 의사 결정의 흐름을 마치 다른 사람이 한 것처럼 쓰도록 했다. 일기 작성에 들이는 시간은 15분, 작업은 하루 1회의 빈도로 진행하게 했다.

　4주 후 대상자들에게 여러 번의 테스트를 실시한 결과, '3인칭 이직 노트'를 계속 쓴 대상자들에게서 눈에 띄는 변화가 확인되었다. 고민을 3인칭으로 기록한 그룹은 다른 사람의 관점에서 사안을 생각하는 데 능숙해져, 여러 관점에서의 대책 마련이 가능해진 것이다.

　이 연구 논문의 대표 저자인 이고르 그로스만Igor Grossmann 교수는 "자신의 의사 결정을 3인칭으로 상상하는 것만으로도 편향을 간단히 해소할 수 있다는 점을 알았다. 우리가 이 기법을 사용하면 문제에 보다 현명히 대처할 수 있을 것"이라고 말했다. 직업을 선택할 때는 반드시 자신이 일상적으로 내린 결단을 3인칭으로 기록해보자.

적합한 직업의 발견율을 높이는
'3인칭 노트' 작성법

정리해보면 '3인칭 노트'의 작성 과정은 다음과 같다.

❶ 하루 일과 마지막에 자신이 그날 내린 취업 · 이직에 관한 의사
  결정 내용을 3인칭으로 기록한다.
❷ 일기는 최소 15분을 들여 2단락 정도의 문장으로 적는다.

여기서 기록한 내용에는 반드시 다음과 같은 포인트가 포함되어야
한디.

● 어떤 것을 결정했는가?
● 어떤 흐름으로 그 결정에 이르렀는가?
● 그 결정을 하기 위해 어떤 증거를 사용했는가?
● 그 결정으로 어떤 결과를 기대하는가?
● 본인 결정에 어떤 감정이 드는가?

구체적인 기재 사례는 다음과 같다.

❶ 기업의 구인 사이트를 경유해 의류 제조사 A로부터 연락이 왔
  다. 우선 '그'가 인터넷으로 A기업을 조사해본 결과, 현 직장에

서 제조 라인을 일부 돌리고 있다는 사실을 알았다.

이는 '그'가 중시하는 '다양성'의 사고방식에도 일치하기에 '그'는 하루짜리 인턴십에 참가하기로 했다. '그'가 기대하는 건 '다양성이 사내 어디까지 존재하는지'를 확인하는 것이다. 인턴십 참가를 결정하며 사안이 한 걸음 진전된 듯해 '그'는 기분이 좋아졌다.

❷ 취업 준비에 어려움을 겪은 '그녀'는, 일단 자기 분석을 위해 취업 준비 스터디에 가입했다. 이곳에서 '학창 시절 통계 수업을 이수했다는 점을 강조하는 게 좋겠다'는 조언을 받아들인 '그녀'는 해당 내용을 기반으로 입사 지원서를 작성했다. 이를 통해 작은 달성감을 느낄 수 있었지만, 과연 그것이 정답인지에 대해선 확신을 갖기 힘들었다.

3인칭 노트를 작성하는 이점은 크게 2가지로, 제일 먼저 '의사 결정의 기억을 나중에 고칠 수 없다'는 점을 들 수 있다.

사람은 누구나 자기 기억을 되도록 보기 좋게 바꾸는(꾸미는) 경향이 있어, 예를 들어 '인터넷으로 조금 알아본 것뿐인데, (운이 좋게도) 실제 면접에 가보니 꽤 좋은 기업이었던' 경우, 나중에 '내 리서치가 괜찮았다'며 사실과 다른 스토리로 바꾸는(꾸미는) 경향이 있다. 이 상태를 그대로 두면 아무리 시간이 지나도 직업 선택의 정확도는 높아지지 않는다.

또 하나의 이점은 '의사 결정의 패턴이 명확해진다'는 점이다. 나중에 일기를 다시 읽어보면 '나는 늘 조금 화려한 업계에 관심을 가졌었구나', 혹은 '인터넷상의 입소문을 필요 이상으로 믿는 경향이 있구나'처럼 어떤 경향이 보인다. 그 점에서 '3인칭 노트'는 자기 분석 툴보다 올바르게 자신을 바라볼 기회를 제공한다.

이직이나 취업에 관한 활동 노트를 적는 이들이 많은데, 그 기록 대부분은 회사나 세미나 분위기, 면접 질문과 대답, 자기 분석 등에 과도하게 치중되는 경향이 있다. 본인이 일상 속에서 내린 의사 결정의 흐름을 제대로 적는 경우가 매우 드물다. 이직이나 취업에 관한 작업에 임할 때는 반드시 의사 결정 기록을 적어보자.

친구 활용
- 친구에게 물으면 자신의 수명까지 알 수 있다

시점을 바꾸는 과정에서 또 하나 빠질 수 없는 것이 '친구'의 존재다. 당신의 편향을 해소하기 위해 친한 제3자만큼 도움이 되는 존재는 없다.

심리학자 조슈아 잭슨Joshua Jackson은 1930년대 남녀 600명이 받은 성격 테스트 결과를 재분석해 이 같은 사실을 밝혀냈다.[7] 이 데이터에는 대상자들의 친한 친구 5명씩을 인터뷰한 기록도 포함되어, '대상자들이 스스로 평가한 성격'과 '친구가 본 대상자의 성격' 2가지를 비교할 수 있었다.

그 분석 결과는 다음과 같았다.

- 본인의 자기 평가보다 친구에게 물은 성격 판단 쪽이 훨씬 더 정확했다.

● 대상자의 '수명'에 대해서도 친구 쪽 판단이 더 정확했다.

본인 성격은 물론 '언제쯤 죽을 것 같은지'에 대한 예상까지도 친구 쪽 판단이 더 정확했던 것이다.

조직행동론 연구에서도 이와 비슷한 결과가 있다. 군인 150명에게 상관의 유능함을 평가하도록 한 결과 역시 상관 본인보다 부하 쪽이 상사의 리더십을 더 정확히 판단할 수 있었다.[8] 사람은 누구나 '본인에 대해선 자기 자신이 가장 잘 안다'고 믿고 싶어 하지만, 실제로는 자기 평가만큼 잘 안 맞는 것도 없다.

또 하나 재미난 건 '당신을 전혀 모르는 타인이라도 꽤 높은 확률로 올바른 평가를 내릴 수 있다'는 점이다. 그 구체적인 사례로 2005년에 시행된 터프츠대 실험이 잘 알려져 있다.[9]

미국을 대표하는 기업에서 CEO를 맡은 남녀 가운데 실적이 좋은 25명과 실적이 나쁜 25명을 선택해, 전혀 관계없는 제3자에게 이들의 얼굴 사진을 보여줬다. 그러자 제3자 대부분은 CEO의 리더십이나 실적 정도를 꽤 높은 확률로 맞혔다.

유사한 조사는 이 밖에도 많다. 변호사 사진을 본 것만으로 대상자가 '그 사람이 출세할 수 있을지'를 정확히 알아본 경우, 혹은 평범한 남녀 스냅샷을 보고 'IQ 테스트 점수를 어느 정도까지 맞힌' 사례가 보고되어 있다.[10]

아무 관계가 없는 사람이 개인 능력을 판단할 수 있는 이유는 명확하시 않시만, 어쨌든 제3자 쪽이 편향에 빠지지 않는다는 점만큼은 틀림없는 사실이었다. 따라서 의사 결정을 내릴 때는 다른 사람의 관점을 반드시 활용하도록 하자.

현대는 '강한 연결'이야말로 최고의 구직 툴!

'약한 연결(유대)'이라는 말을 들어본 적 있는가?

사회학자로 유명한 스탠퍼드대 마크 그라노베터 Mark Granovetter 교수가 〈약한 연결의 힘 *The Strength of Weak Ties*〉이라는 논문에서 제창한 이론으로, 간단히 말하자면 '새로운 직업을 찾을 때는 가끔 만나는 정도의 친구에게 부탁하는 것이 더 도움이 되는' 현상을 가리킨다.

그라노베터는 과거 5년 사이 이직한 직장인들을 대상으로 인터뷰 조사를 실시해 '다음 일을 찾기 위해 가장 도움이 되었던 정보원이 누구였는지'를 물었다. 그러자 대부분은 '친구나 지인을 사이에 두고서 이직 정보를 얻었으며, 그중 83%는 전 직장 밖에서 서로 알았던 '약한 연결'을 통해 이직에 성공했다'는 것이다.

'약한 연결'이 성공으로 이어지기 쉬운 이유는 다음과 같다. 즉 친구나 동료처럼 '강한 연결'을 가진 이들은 생활환경이 비슷한 경우가 많아, 그만큼 기존에 알고 있는 정보만을 얻기 쉽다. 반면 술자리에서 가끔 만나는 사람이나 먼 친척 등은 자신과 다른 생활을 할 가능성이 높기 때문에, 그만큼 미지의 일(직업)에 관한 정보를 얻기 쉽다는 것이다.

이 연구 결과는 순식간에 전 세계로 퍼져 각 업계에도 영향을 끼쳤다. 지금도 이직 워크숍 등에서 약한 인맥의 중요성을 보여주는 증거로 사용되고 있으며, 다른 업종간 교류회나 SNS를 통해 '일단 지인 수부터 늘리라'는 조언도 심심치 않게 볼 수 있다.

하지만 '약한 연결'이 너무 유명해진 탓인지, 후속 연구에서 몇 가지 사실이 업데이트되었다는 건 그다지 알려지지 않았다. 그라노베터 연구는 1970년대초에 이뤄진 것으로, 현재의 구직 시장에는 맞지 않는 것도 사실이다.

대표적인 후속 연구인 인류학자 일라나 거숀Ilana Gershon의 2014년 조사 결과를 보자.[11] 거숀은 그라노베터 조사와 마찬가지로 직장인들로부터 380건의 이직 사례를 모아 '약한 연결이 현 시대에도 중요한지'를 재검증했다. 그 결과는 다음과 같았다.

- '약한 유대 관계'가 직업 찾기에 도움이 된 케이스는 전체의 17%에 불과했다.
- 이직에 성공한 이들 중 60%는 친구, 동료처럼 '강한 연결' 쪽이 더 도움이 되었다고 답했다.

사람과의 관계가 중요한 건 예나 지금이나 마찬가지다. 하지만 현 시대는 친한 친구와 동료, 상사처럼 가까운 타인 쪽이 일을 찾는 데 더 도움이 되는 듯하다. 이러한 변화가 생긴 이유는 다양하지만, 역시

가상 중요한 원인으로 '정보 수단의 발달'을 들 수 있다.

예전에는 일을 찾을 때 신문 광고나 구인 잡지를 확인하는 수밖에 없어 이런 상황에서는 '얼마나 모르는 정보를 얻을 수 있는지'가 성패를 갈랐다. 하지만 현 시대는 구직 사이트, 기업의 공식 계정 등에서 쉽게 정보를 얻을 수 있다. 그 덕분에 직업 선택의 효율도 크게 올라간 반면, 다음과 같은 새로운 문제가 나오기 시작했다.

- 선택지가 너무 많은 탓에 편향에 빠지기 쉬워졌다.
- 같은 직무에 대량의 응모(지원)가 쇄도하기 때문에 경쟁자와 차별화하기 어렵다.

결국 이러한 문제를 해결하기 위해서는 '강한 연결' 쪽으로 기우는 것이 최선이다. 친밀한 상대일수록 편향을 읽어내는 능력이 뛰어난 건 앞서 살펴본 대로다. 게다가 동료나 과거 고객에게 추천 받을 수 있다면, 수많은 경쟁자들 중에서도 단연코 눈에 띄기 쉽다. 그런 의미에서 구직 사이트나 이직 헤드헌터와 접촉하기 전, 일단 친한 동료나 상사, 고객 등과 상담하는 편이 직업 선택의 성공률을 더 높일 수 있다.

피드백 효과를 높이는
3가지 포인트

친구의 중요성을 알았다면 이제 바른 피드백을 받는 방법에 대해 알아보자. 취직에 관한 고민을 친구에게 의논하는 것만으로도 충분히 의미가 있지만, 몇 가지 포인트를 잘 기억해두면 그 효과는 더욱 커질 것이다.

❶ 360도 피드백

'360도 피드백(360-Degree Feedback)'은 기업 쪽에서는 꽤 익숙한 피드백 방식이다. 기존의 인사 평가가 상사나 매니저의 판단만으로 이뤄진 데 반해, 360도 피드백은 동료와 클라이언트, 사무원처럼 거의 모든 그룹 조사로 이뤄진다.

그 이점은 1950년대부터 폭넓게 인정되어, 최근에는 비즈니스 현장만이 아니라 학교나 병원, 정부기관 등에서도 활용도가 높아졌다. 자신의 친구와 상사, 파트너, 부모, 커뮤니티 동료 등 많은 사람들로부터 피드백을 받을수록 직업 선택의 정확도는 높아진다.

또한 로밍거(Lominger, 현 Korn Ferry)사 연구에 따르면 '피드백을 받는 상대와의 '교제(교류) 기간'에 따라 정확도가 달라진다'는 사실도 알게 되었다.[12]

- '서로 알고 지낸 지 1~3년의 상대'와 상담하는 것이 정확도가 가

장 높다.

- '서로 알고 지낸 지 1년 이내의 상대'와 상담하는 건 정확도 면에서 2번째로 높았다.
- '서로 알고 지낸 지 3~5년의 상대'와 상담하는 건 정확도가 가장 낮았다.

이러한 현상이 벌어진 건 조금이라도 오래 교류한 상대라면 그만큼 사사로운 감정이 들어가 정말 중요한 건 말하지 않는 경향이 있고, 서로 알고 지낸지 1년 이내라면 충분한 정보를 모으기 어렵기 때문으로 보인다. 어디까지나 대략적인 지표이긴 하지만, 피드백을 받을 때 참고로 삼았으면 한다.

❷ 폐쇄형 질문

적합한 직업에 대해 다른 사람에게 물을 때는 그만큼 바른 질문을 준비하는 것도 중요하다. 예를 들어 '이 일을 어떻게 생각하느냐?', 혹은 '이직에 대해 어떻게 생각하느냐?'와 같은 개방형 질문은 너무 광범위해서 상대방도 적절한 피드백을 주기 어렵다.

바로 이 장면에서 사용해야 할 기법은 '가설을 기반으로 한 폐쇄형 질문[Closed Question]'이다. 몇 가지 사례를 살펴보자.

'지금 그 회사로 이직하면 전 직장에서 배운 기술을 살릴 수 있으리

라 생각하는데, 당신도 동의해?'

'지금처럼 흥미 없는 직업은 다음 일을 위해서라도 빨리 그만두는 게 낫다고 생각하는데, 당신은 동의 안 해?'

이처럼 '예', '아니오'로 답해야 하는 질문 쪽이 상대방도 피드백을 주기가 더 쉽다. 360도 피드백을 할 때는 반드시 구체적인 폐쇄형 질문으로 하자. 질문 내용이 떠오르지 않을 때는 '이 결정으로 어떤 결과를 기대하는지' 스스로에게 물어 봐도 좋을 것이다. 그러면 그만큼 구체적인 질문을 만들기가 쉽다.

❸ 친한 친구 이미징

만일 주위에 '강한 연결'이 없다 해도 아직 방법은 남아 있다. 당신 머릿속에서 친구와 대화하는 것만으로도 어느 정도까지는 편향의 영향에서 벗어날 수 있다.

워털루대가 실시한 실험에서는 조사 대상자들에게 다음과 같은 지시를 내렸다.[13]

'당신이 지금 안고 있는 문제가 친한 친구에게 일어났다고 상상해 보자. 그 친구의 감정을 상세히 이미지화해 보자.'

그 후 몇 가지 심리 테스트에서 대상자 전원의 판단력을 확인한 결과 '친한 친구에게 벌어진 문제를 상상한 그룹은 그렇지 않은 그룹보다 냉정하고 종합적인 판단을 내릴 확률이 높아졌다.' 어려운 문제에

시 적절한 다협점을 찾아내는 능력이 향상된 것이다.

이 같은 현상이 벌어진 건 '친한 친구의 관점에서 문제를 상상함으로써 문제를 객관화할 수 있기 때문'이라 할 수 있다.

'나무를 보고 숲을 안 보는' 상황에서 '나무도 보고 숲도 보는' 상태로 의식이 옮겨가는 것이다. 이 기법을 다음과 같이 활용해보자.

① 일에 관한 현재 고민을 하나만 골라본다.
　　('이직해야 할지', '그 일을 계속해야 할지' 등)
② 그 고민이 가장 친한 친구에게 벌어졌다고 상상해본다.
③ 고민하는 친구에게 어떤 조언을 할 수 있을지 생각해본다.

매우 심플한 개입이지만, 이것만으로도 의사 결정의 질은 평균 20% 정도 올라간다. 손쉽게 편향을 극복할 수 있는 기법 중 하나로 기억해두면 좋을 것 같다.

가장 속이기 쉬운 사람은 바로 자기 자신이다

이 단계에서는 적합한 직업 선택에 도움이 되는 편향 극복법을 주로 다뤘다. 하지만 이렇게까지 중요성을 강조해도, 실제로 본인의 편향을 해소하려는 이는 그리 많지 않다. 누구나 '자신의 선택은 옳다'고 생각하며 마음을 불편하게 하는 의견은 가능한 피하고 싶어하기 때문이다.

그렇다곤 해도 편향은 모든 사람이 날 때부터 갖고 태어나는 버그로 그 영향에서 자유로운 이는 아무도 없다.

한 연구에서는 높은 성과를 올리는 직장인일수록 본인 편향에 주의하면서 의사 결정을 내리는 경향이 강하고, 그 중 80% 이상은 이를 의식하면서 타인에게 피드백을 구했다.[14] 한편 만성적으로 낮은 성과만 내던 직장인의 경우, 편향에 주의하며 일하는 사람이 전체의 20%에도 미치지 못했다.

'가장 속이기 쉬운 사람은 바로 자기 자신'이라 갈파했던 불워 리턴의 말은 과학적으로도 틀림없는 사실이었다. 본인 스스로를 속이는 '자기기만[Self Deception]'의 악순환에서 벗어나지 않는 한 언제까지나 적합한 직업을 찾긴 어렵다.

모든 사람이 날 때부터 갖고 있는 편향을 깨닫고
의사 결정을 재검토한다

편향을 없애기 위한 4대 기법

1. 10-10-10 테스트
   - '이 선택을 10분 뒤, 10개월 뒤, 10년 뒤에는 어떻게 느낄까'를
     생각한다

2. 프리모텀
   - '❶ 실패 상정 ❷ 원인 분석 ❸ 과정 상기 ❹ 대책 고안'을 실행한다

3. 3인칭 노트
   - 하루 15분, 자신이 그날 내린 '직업 선택에 관한 의사 결정' 내용을
     3인칭으로 작성한다

4. 친구 활용
   - '360도 피드백, 폐쇄형 질문, 친한 친구 이미징'을 활용한다

STEP
5

Engage in your work

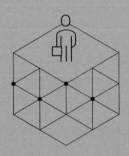

보람을
재구축하라

– 직업 만족도를 높이는 7가지 계획

"인생의 성공 비결은
자신이 좋아하는 일을 하는 것이 아니라
자신이 하는 일을 좋아하는 것이다."

- 괴테 (Johan Wolfgang von Goethe, 1749~1832) / 독일의 시인

직업 만족도를
판단하는 방법

'지금 직장에
큰 불만은 없지만...'의 문제

여기까지 오는 동안 우리는 적합한 직업 선택의 정확도를 꽤 높일 수
있었다.

'일의 행복으로 이어지지 않는 요소는 제외하고 직업 만족도를 높
일 요소를 더한다. 이를 통해 당신의 행복을 파괴하는 원인을 적극적
으로 피하면서, 적합한 직업 선택을 그르칠 수 있는 편향을 교정한다.'

이상의 수순을 거치면 당신의 의사 결정 정확도는 확실히 높아질
것이다. 하지만 인생 선택에 '절대'란 말은 없다. 아무리 면밀한 조사
를 거치고 전략적으로 선택지를 좁혀도, 그 과정에는 반드시 실수가
있을 수 있다. 물론 실수는 누구에게나 괴로운 일이지만, 지금까지 자
신이 낭비해온 시간이나 노력에 구애되어선 앞서 소개한 '매몰비용'의

함정에서 빗어날 수 없다. 그럴 때 일단 벌어진 실수를 잊고 새로운 행동에 나서는 수밖에 없다.

다만 그렇게 말은 쉬워도 '과연 이 일을 선택하는 게 정답일지' 판단하는 건 누구에게나 어려운 법이다.

- 그리 큰 불만은 없지만, 친한 동기가 그만두면서 조금 초조해졌다
- 지금 하는 일은 좋은데, 미래가 불안해 고민된다
- 상사가 마음에 안 들지만, 그 외에 특별한 문제는 없다

근무지가 블랙기업인 경우는 더 이상의 질문이나 해답이 무의미하고 당장 이직하는 것이 최선이다. 하지만 '왠지 납득하기 힘들다'거나 '진짜 정답인지 모르겠다'처럼 조금 애매한 불안에 괴로워하는 경우도 적지 않을 것이다. 이러한 경우 우리가 취할 수 있는 행동은 다음과 같다.

❶ 새로운 평가치를 근거로 직장을 판단한다.
❷ '실패였다'는 사실을 깨달으면 이직한다.
❸ '그다지 불만 없다'는 판단이 서면 문제 개선에 힘(자원)을 쏟는다.

당연한 말이겠지만, 직장에 대한 판단을 다시 내린 뒤 그것이 참을

수 없는 수준이라면 이직을 생각해야 한다. 하지만 그리 큰 문제가 아니라는 생각이 들면, 불만 해결에 에너지를 쓰는 것이 더 생산적이다.

'지금 직장에 있는 게 좋은지'를 판단하기 위해선

그렇다면 '지금 직장에 계속 있을지'나 '이 직장이 정답일지' 같은 고민은 어떻게 판단해야 할까? 이 역시 어려운 문제임에 틀림없지만, 조직행동학 연구에 따르면 판단의 정확도를 높이는 방법이 몇 가지 있다. 그 대표적인 기법을 살펴보자.

❶ 계층 분석을 재조정한다

'이 직장을 선택한 게 옳았는지'를 판단하기 위해서는 일단 앞서 살펴본 '계층 분석'이 유효하다.

방법이 간단하고, 새 직장에 들어가면 이직 전에 만든 '계층 분석'을 다시 꺼내 '평가치'를 재조정하면 된다. 일하기 시작하면서 새로 알게 된 정보를 근거로 레벨 2의 수치를 하나씩 바꿔 써보자.

예를 들어 새 직장에서 '생각보다 상사가 마음에 안 드는 사람이었다'고 하면 '동료'의 수치를 낮추고, '사전 조사보다 업무 재량권을 더 준다'는 느낌이 들면 '자유'의 수치를 올린다. 이로써 종합 평가가 어떻게 바뀌었는지 현재 직장에서의 만족도를 재검토해보자.

❷ '직업 만족 척도'를 사용한다

'계층 분석'과 함께 사용하면 좋은 것이 '직업 만족 척도[Job Satisfaction Scale]'라는 판단법이다. 전 세계적으로 이뤄진 직업 만족도 연구를 기반으로 개발되어, '지금 당신이 하는 일에서 얼마만큼의 행복감을 얻고 있는지'를 수치로 측정할 수 있다.[1]

그 정확도에 대해서는 이미 다양한 검증이 이뤄져, 어떤 직종에서나 일의 행복도를 바르게 예측할 수 있다는 평이다. '지금 직장이 좋은 곳인지', 혹은 '지금 하는 일이 행복도를 올리는 데 도움이 되는지' 같은 문제로 괴로워한다면 한번 해보자.

테스트 내용은 전체 64개 문항으로 구성되었으며, 각 문항별 5점 만점 기준으로 채점된다.

일의 행복도를 판단하는 64개 질문

1   자신의 노동에 정당한 임금을 받고 있다고 느낀다

2   매년 임금 인상 폭에 만족한다

3   개별 수당에 만족한다

4   지금의 회사는 공평한 승진 시스템을 채용하고 있다

5   지금의 회사에서는 업무 성과(능력)가 승진의 중요한 요소다

6   나에게도 승진 기회가 있고 그 사실에 만족하고 있다

7   지금의 회사에서 승진한 사람은 다른 회사로 옮겨도 마찬가지로 승진할 것이다

8   지금의 상사는 나에게 불공평하다 ★

9   지금의 상사는 부하들의 감정에 흥미를 보이지 않는다 ★

10 지금의 상사는 부하들의 능력 개발을 중요한 일 중 하나로 생각한다

11 지금의 상사는 부하들과 아무런 상담도 없이 의사 결정을 한다 ★

12 지금의 상사는 나를 의사 결정 과정에 참가시켜 아이디어나 의견을 내도록 한다

13 지금의 회사에서 받는 이점에 만족하지 않는다 ★

14 지금의 회사에서 받는 이점은 다른 회사나 조직에서 받을 수 있는 이점과 같을 만큼 좋다

15 지금의 회사에서 받는 이점은 동료와 비슷한 수준이다

16 어떤 문제가 발생한 사람에게 지금 회사나 조직이 제공하는 보상에 만족한다

17 회사가 제공하는 설비나 비품에 만족한다

18 지금의 회사가 제공하는 사내 식당, 또는 주변의 식사 환경에 만족한다

19 지금의 회사는 임직원들의 건강에 신경써준다

20 지금의 회사로 출퇴근하는 상태에 만족한다

21 내가 좋은 일을 했을 때 회사가 제대로 인정해준다

22 내가 하는 일에 감사한다는 생각이 들지 않는다 ★

23 내 노력이 보상 받는다고 느껴지지 않는다 ★

24 지금의 회사에는 임직원들이 좋은 일을 했을 때 보상하는 시스템이 있다

25 지금 회사의 보수ㅏ 평가 시스텐은 공편하게 운영되고 있ㅏ

26 함께 일하는 사람들이 좋다

27 함께 일하는 사람들의 능력이 떨어지는 탓에 내가 더 많이 일해야 한다 ★

28 동료와 함께 지내는 시간이 즐겁다

29 지금의 회사에는 말다툼이나 싸움이 잦다 ★

30 상사나 동료와 원활한 인간관계를 구축할 수 있다

31 조직 내부의 커뮤니케이션은 전체적으로 좋다

32 업무 할당이 만족스러운 적이 없다 ★

33 조직의 목표를 잘 모르겠다 ★

34 조직에서 무엇이 벌어졌는지 모른다고 느낄 때가 많다 ★

35 해야 할 일이 너무 많다 ★

36 회사 내부 규정이 많아 좋은 일을 할 때 방해가 된다 ★

37 지금의 노동 환경에 대체로 만족한다

38 지금의 회사는 필요한 장비를 제공해준다

39 지금의 회사는 법률로 정해진 노동 시간이나 휴가를 준수한다

40 회사 연수나 트레이닝 프로그램으로 업무에 자신감이 붙었다

41 지금의 회사는 만족할 만한 수준의 직업 훈련이나 지침을 제공한다

42 회사 연수나 트레이닝 프로그램으로 동기 부여가 올라갔다

43 회사 연수나 트레이닝 프로그램으로 업무 스킬이 좋아졌다

44 회사 연수나 트레이닝 프로그램으로 세상의 변화를 따라갈 수 있다는 생각이 든다

45 회사 연수나 트레이닝 프로그램으로 직업 만족도가 올라갔다

46 지금의 회사는 프로로서의 기능을 배양할 수 있는 기회를 제공해준다

47 지금의 회사가 제공해주는 커리어 형성 기회에 만족하고 있다

48 지금 하는 일로 인해 가족, 친구와 보낼 시간이 줄어들고 있다 ★

49 사생활에서 제 역할을 다하기 위한 시간을 지금 회사는 지원해주지 않는다 ★

50 지금 하는 일로 인해 충분한 수면이나 건강한 식사, 운동에 할애할 시간이 없다 ★

51 내가 관여한 일이 최종적으로 어떻게 되었는지 알 수 없다 ★

52 지금의 회사는 내가 좋아하지 않는 일을 지시하기 때문에 별로 행복하지 않다 ★

53 내 상사가 너무 엄격한 업무기한을 설정하기 때문에 스트레스를 느낀다 ★

54 조직의 목표를 달성하기 위해 모든 부서가 서로 협력하고 있다

55 나의 업무 수행에 대해 편하게 제안하거나 코멘트할 수 있다

56 조직 내부의 커뮤니케이션이나 팀워크가 양호하다고 생각한다

57 업무에 관해 팀 동료들로부터 충분한 격려와 협력을 얻을 수 있다

58 업무 목표의 내용과 목적을 명확히 이해할 수 있다

59 나의 일과 책임 내용을 명확히 설명할 수 있다

60 내 상사는 부하들에게 적극적인 의사 결정을 맡긴다

61 내 상사는 조직의 의사 결정에 관한 정보 수집을 맡긴다

62 내가 해야 할 과업에 관한 중요한 결정을 스스로 자유롭게 내릴 수 있다

63 지금의 회사로부터 보호받고 있다는 생각이 든다

64 지금의 회사는 손쉽게 해고한다는 생각이 들지 않는다

1점 = 전혀 해당되지 않는다

2점 = 해당되지 않는다

3점 = 잘 모르겠다

4점 = 해당된다

5점 = 꽤 해당된다

점수 판단법

모든 채점이 끝나면 ★ 마크가 붙은(부정적인) 질문의 점수를 반대로 전환하자. (예, 5점은 1점으로, 4점은 2점으로, 3점은 그대로 3점, 2점은 4점으로, 1점은 5점으로) 그 후 모든 점수를 합하자.

- 64~192점 : 현 시점에서는 일에 상당한 불만을 가졌다고 볼 수 있다. 다시 이직을 생각하든지, 곧 살펴볼 '잡 크래프팅'을 통해 현재의 노동 환경을 완전히 바꾸도록 한다.

- 193~256점 : 현재의 일에서 약간의 행복만을 얻고 있는 상태다. 우선은 '잡 크래프팅'을 3개월마다 실천해 양상을 지켜본다. 그럼에도 개선될 여지가 없을 때는 이직을 고려해도 좋다.

- 257~320점 : 현재의 일에서 평균보다 높은 만족도를 얻고 있어 기본적으로는 양호한 직장이라 할 수 있다. 이직하지 말라고는 하지 않겠지만, 우선은 지금 직장의 불만을 개선하는 방향으로 자원을 쏟는 편이 현명하다.

'직업 만족 척도'의 판단법은 앞과 같지만, 이 테스트는 현 직장의 개선점을 생각하기 위한 체크리스트로도 사용할 수 있다. 구체적으로 이 테스트의 각 문제는 다음과 같은 요소에 대응하고 있다.

❶ 급여와 복리후생에 대한 만족도 : 1, 2, 3, 13, 14, 15, 16, 17, 18, 19, 20, 21, 22, 23, 24, 25

❷ 노동 환경에 대한 만족도 : 26, 27, 28, 29, 35, 36, 37, 38, 54, 55

❸ 커리어와 승진 기회에 대한 만족도 : 4, 5, 6, 46, 47

❹ 상사와 리더십에 대한 만족도 : 8, 9, 10, 60, 61

❺ 사내 커뮤니케이션에 대한 만족도 : 31, 32, 58, 59

❻ 워라밸에 대한 만족도 : 48, 49, 50, 51, 52

❼ 사내 능력 개발에 대한 만족도 : 41, 42, 43, 44

❽ 팀워크와 직장의 안정감에 대한 만족도 : 56, 57, 63, 64

각 포인트의 만족도를 체크하기 위해서는 문항별로 붙은 점수의 평균치를 내보자. 평균치가 3.5보다 낮은 경우 그 요소의 만족도는 낮다고 판단할 수 있다. 반대로 평균이 4점을 넘은 경우, 그 요소에선 특별히 문제가 없다고 할 수 있다. 테스트 결과를 근거로 이직을 정할지 여부는 당신에게 달렸다. 하지만 일에서 자신의 행복을 확실히 하기 위해서라도 정기적으로 체크해보길 권한다.

최고의 일로 바꾸는
액션 플랜

'잡 크래프팅'으로
보람을 재구축하자

'계층 분석'이나 '직업 만족 척도'를 사용한 결과, 지금의 직장이 그렇게까지 나쁘지 않다고 깨닫는 경우도 드물지 않다. '별로 의욕이 생기진 않지만, 그렇다고 나쁜 직장은 아니'라거나 '지금 하는 일을 별로 좋아하진 않지만, 그렇다고 이직할 만큼은 아니'라고 판단되는 상황이다.

그럴 경우 '현재 직장을 어떻게 나아지도록 할까?', '지금 하는 일에서 어떻게 보람을 발견할까?'에 에너지를 쏟는 게 최선이다. 물론 이직을 염두에 둔 채 행동해도 상관없지만, 현재 갖고 있는 자원을 현재 상황 개선에 돌리는 게 더 현명하다.

그 점에서 가장 효과를 인정받은 것이 '잡 크래프팅' 기법이다. 2000년대 초부터 연구가 진행된 분야로, 예일대 검증 시험 등을 통해

임직원의 동기 부여에 효과가 크다는 점이 밝혀졌다.[2]

'잡 크래프팅'의 정의는 다소 복잡하지만, 이를 한 마디로 정리하면 '자기 일을 가치관에 기반해 재구축하는 기법' 정도가 되겠다. 조금 지루하고 무의미하다고 느껴지는 일에서 깊은 의미를 새삼 끌어내는 것이 '잡 크래프팅'의 기본이다.

이 같은 사고방식을 가장 단적으로 보여주는 것이 17세기 건축가 크리스토퍼 렌 Christopher Wren 의 에피소드다.

어느 날 렌은 자신이 설계한 세인트폴 대성당의 건축 현장을 시찰하던 중, 거기서 일하는 인부들에게 '어떤 일을 하고 있는지' 물었다. 이 질문에 첫 번째 인부는 "돌을 깎고 있어요"라고 답했고, 두 번째 인부는 "하루에 5실링 2펜스 받는 일을 하고 있죠"라고 답했다. 두 대답 모두 그럴 듯하다고 생각하면서 세 번째 인부에게도 같은 질문을 하자, 그는 전혀 다른 답을 내놓았다. "나는 아름다운 대성당을 만들고 있어요."

건축 일을 '채석'과 '일당 벌기' 정도로 보면 '나는 일개 인부에 지나지 않는다'는 생각밖에 나오지 않아, 거기서 어떤 동기를 끌어내긴 어렵다. 하지만 여기서 '내 작업은 대성당 짓기의 일부'로 인식한다면 매일매일의 임무는 보다 커다란 가치관의 일부가 되어, 스텝 2에서 본 '공헌' 의식이 고양될 것이다.[3]

최근에는 '잡 크래프팅'의 효과가 더 검증되어 '이 기법이 일에 대한 보람을 크게 높인다'는 점이 밝혀졌다. 현 시점에서 가장 정확도가 높은 데이터로는 2017년 세인트루이스대의 메타 분석이 있다.[4] 조사 대상자 3만 5,670명의 데이터를 모아 '잡 크래프팅이 우리 일에 어디까지 영향을 주는지'를 수치로 보여준 중요한 연구다.

그 결과는 대략 다음과 같았다.

- 전향적인 행동 증가 : r = 0.509
- 주위 문제를 적극적으로 해결하는 태도 증가 : r = 0.543
- 주체적으로 일에 몰두하는 감정 증가 : r = 0.450

각 항목별 마지막에 나온 수치는 상관계수로, 이 같은 타입의 연구로는 충분한 수치라 할 수 있다. 간단히 말하자면 '잡 크래프팅을 사용하면 꽤 높은 확률로 일에 대한 동기 부여가 올라갔다.'

'잡 크래프팅' 연구로 유명한 심리학자 제인 더턴Jane Dutton은 다음과 같이 코멘트했다. "현대의 일은 관료적이어서 여러 타입의 사람을 한 가지 형태로 끼워 넣으려 한다. 그러니 일이 지루하고 건조하게 느껴지는 것도 당연하다. 하지만 자기 일을 가치관에 기반해 재구축할 수 있다면 어떤 직업에서나 깊은 의미가 생긴다."

만일 당신이 '지금의 직장에 커다란 불만이 없음에도 이대로 괜찮을까' 고민된다면 '잡 크래프팅'을 시도해볼 가치는 충분하다. 눈앞의 일을 새롭게 보게 되어 '보람'을 처음부터 재구축하기 때문이다.

'잡 크래프팅'의
7가지 순서

그렇다면 '잡 크래프팅' 기법을 보다 자세히 살펴보자. 방법은 몇 가지 있지만, 여기서는 앞서 나온 메타 분석에서도 효과를 볼 수 있었던 기본 버전을 다루도록 한다.

(1) 현황 분석

제일 먼저 당신의 현재 일이 어떻게 구성되어 있는지 분석해보자. 옆의 표처럼 일의 내용을 각 블록에 적어보자.

그 일에 필요한 시간과 에너지가 많을수록 블록 사이즈는 커지고 적을수록 작아진다. 모든 블록을 다 채우면, 각각 소요되는 시간과 에너지의 정도(%)를 총 합계가 100이 되도록 기입해본다.

매일매일의 일에서 자신의 시간과 에너지 분배율을 제대로 이해하는 사람은 거의 없다. 이 작업을 하면 '중요한 일에 의외로 시간을 들이지 않는다'거나 '영향력이 적은 일에 과도하게 에너지를 쓰고 있다'는 문제가 부각될 것이다. 현재 상황을 정확히 파악하기 위해 필요한 작업이다.

(2) 현황 분석의 성찰

작성한 '현황 분석'을 보면서 3가지 질문에 대해 생각해보자. 떠오른 답은 단문 1~2개로 정리해 노트 등에 기록해본다.

현황 분석

서류 작성
데이터 입력
46%

방문 고객 대응
22%

예산 관련 업무
10%

비품 관리
6%

보고서 작성
6%

전화 · 메일 응대
6%

전표 정리
4%

❶ 지금 하는 일이 처음 시작했을 때와 비교해 시간과 에너지 할당 등에서 변화한 점이 있는가?

(예 : '업무 내용에 눈에 띄는 변화는 없지만 이전보다 보고서 작성에 들이는 시간이 늘었다.)

❷ 현재 이뤄지는 시간과 에너지 할당을 보면 어떤 느낌이 드는가? 그리고 그렇게 느낀 이유는?

(예 : 서류 작성에 들인 시간이 너무 많았다. 이 작업이 전체 일에 미치는 영향은 그렇게까지 크지 않은데...)

❸ 현황 분석을 보고 놀란 점이 있는가?

(예 : 방문 고객 대응에 가장 많은 시간을 쓸 생가이었지만, 의외로 그렇지 않다는 데 놀랐다.)

(3) 동기와 기호 선택

이어 당신이 일에 대해 갖고 있는 '동기와 기호'를 선택하는 작업으로 옮겨보자. '동기와 기호'란 대략 다음과 같은 의미다.

- 동기 : 일을 통해 어떤 '가치관'을 달성하고 싶은가? 만일 지금 내 모습에 만족한 나머지 아무런 불안(걱정)도 없는 인생을 보내고 있다 해도, 나 스스로 일에 더욱 몰두하게 만드는 감정이란 어떤 것일까?
- 기호 : 실제로 일할 때 어떤 능력이나 스킬을 발휘하고 싶은가? 그리고 어떤 행동을 통해 자신의 가치관을 달성하고 싶은가?

어떤 요소든 직감으로 떠오른 것도 상관없다. 사람의 가치관이나 기호는 상황에 따라 계속 변하기 때문에, 지금 시점에서 가장 느낌이 강하게 오는 것을 선택하자.

만일 아무것도 떠오르지 않을 때는 다음 리스트를 훑어보고 느낌이 오는 것을 골라보자. 동기와 기호 수에는 제한이 없지만, 각각 3~4개 정도로 정리할 것을 권한다.

- 동기

  자유를 원한다, 성장한다, 즐거움을 추구한다, 성취감을 얻는
  다, 권력을 추구한다, 안정감을 얻는다, 주위와의 조화, 전통을
  수호한다, 영향력을 키운다, 인간성을 높인다, 사람을 돕는다,
  사람을 이끈다, 어쨌든 실행한다, 새로운 것을 창조한다

- 기호

  판단력, 숙려, 창조성, 지혜, 전문성, 학습력, 인내력, 집중력,
  성실함, 활력, 관대함, 사교성, 좋은 취미, 낙관성, 유머, 사안
  을 정리한다

(4) 과제 크래프팅

'과제 크래프팅'에서는 매일매일의 과제에 관한 '책임 범위'를 바꿔
가는 작업을 실시한다. 예를 들어 요리사가 자신의 직무를 '식사 제공'
이라 한다면, 이를 '타인이 먹는 기쁨을 느끼도록 맛있는 한 그릇을 만
든다'로 바꾼다. 그리고 버스 기사가 자신의 직무를 '차량 운전'이라 한
다면, 이를 '승객들의 생활 영위에 중요한 이동 수단을 제공한다'로 바
꾼다.

이처럼 자신이 생각하는 일의 이미지를 새로운 말로 재구축하는
것이 '과제 크래프팅'의 포인트다.

구체적으로는 두 번째 순서인 '현황 분석의 성찰'을 보면서 고른 '동
기와 기호'를 '현황 분석'의 각 블록에 배치한다. '이러한 동기와 기호를

살릴 수 있는 과업이 무엇일까?'나 '이 동기와 기호에 관련된 과업은 무엇일까?'를 생각해보면 알기 쉬울 것이다.

여기서 가장 중요한 건 당신이 '각각의 과업을 어떻게 바꿔가고 싶은지'를 생각해보는 것이다.

아래 도표를 예로 들면 '방문 고객 대응'이라는 과업에 대해 어떤 사람은 '타인과의 커뮤니케이션에서 즐거움을 추구하는' 게 최선일 수 있고, 어떤 사람은 '타인과 정보를 주고 받으며 학습 기회를 얻는' 데

과제 크래프팅

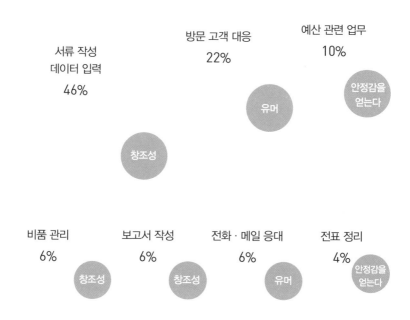

서 동기 부여가 될지도 모른다.

또 '서류 작성'의 경우, 사람에 따라서는 '정보를 정리하는 일'에 보람을 느끼는 경우도 있고, '새로운 문서 작성법을 고민하며 창작욕을 불태운다'는 점에서 보람을 느낄 수도 있다. 모두 당신 선택에 달려 있으니 어디까지나 자기 본위로 생각해보는 게 좋다.

이때 '당신의 동기와 기호를 더 잘 살릴 수 있는 새 과업'을 떠올린다면 '현황 분석'에 첨가해도 무방하다. '지금 하는 업무 외에 내 동기와 기호가 도움이 될 것 같은 일'을 생각해봐도 좋다.

또 여기서 '지금까지 서류 작성에 너무 많은 시간을 들였다'는 반성이 있다면, 각 블록에 할당된 %의 수치를 조금씩 바꿔보는 것도 좋다. 자신의 이상적인 시간과 에너지 배분을 고려해 원하는 대로 수정해보자.

(5) 관계성 크래프팅

'관계성 크래프팅'은 회사 동료와 상사, 외부 고객과의 관계성을 재구축하기 위한 단계이다. 오랫동안 같은 직장에 있다 보면 아무래도 조직 내부의 인간관계가 고정되기 마련이다. 실제로는 자기 팀 밖의 디렉터, 디자이너 등과 이야기를 나누는 게 좋은데, 그 가능성조차 깨닫지 못하는 경우가 많다. 조직이 가진 본래의 잠재력을 높이면서, 동시에 당신 자신을 성장시키기 위해서는 한 번 더 주변을 돌아볼 필요가 있다.

'관계성 크래프팅'을 할 때는 '현황 분석'상의 각 블록마다 '이 작업에 나설 때 중요한 사람이 누구인지'를 생각해보고, 그 상대와의 관계를 개선하기 위한 방법을 모든 과업마다 적어보자. 만일 적당한 사람이 떠오르지 않는다면 다음과 같이 자문해보자.

- 이 작업을 실행할 때 가장 영향력이 있는 사람은 누구인가?
- 이 작업을 실행함으로써 가장 이익을 얻을 수 있는 사람은 누구인가?

중요한 인물을 떠올렸다면 '이 사람과의 관계를 개선하기 위해 내 동기와 기호를 어떻게 살릴 수 있을까?' 하는 질문을 반복해 대략적인 개선 계획을 세워 보도록 하자.

(6) 인지 크래프팅

'인지 크래프팅'에서는 매일매일의 과업에 대한 자신의 마음가짐(마인드셋)을 바꾸는 작업을 실시한다. 자기 일에 대한 관점을 바꾸고 일상의 지루한 일에 의미를 갖게 한다. 구체적으로는 다음의 도표처럼 '현황 분석'의 각 블록을 분류해 '당신의 역할'을 설정한다.

- 이러한 과업은 조직이나 자신에게 커다란 목표로 이어지는가?
- 보다 상위 목표나 가치관을 충족하기 위해 도움이 될 수 있는가?

인지 크래프팅

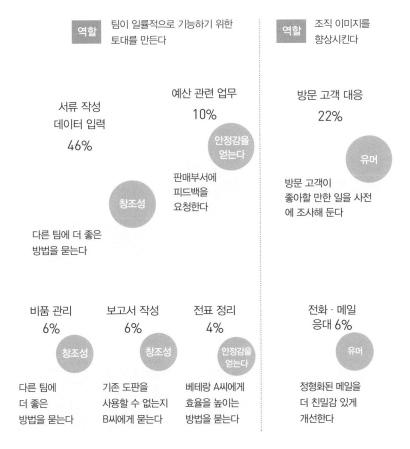

이러한 질문에 대해 잘 생각해보고 느낌이 가장 크게 오는 '역할'을 떠올려보자. 위 도표의 사례에서는 서류에 관한 과업을 하나로 정리한 뒤 '팀이 일률적으로 기능하기 위한 토대를 만든다'고 역할을 정한다. 다른 한편으로는 대인 관계의 과업을 정리해 '조직 이미지를 향상

시킨나'는 역할을 할낭한다.

하지만 기본적으로 블록을 분류하는 건 당신 자신의 기호에 따르도록 하자. 이 사례로 말하자면 '방문 고객 대응'과 '보고서 작성'을 하나로 정리해 '자신의 커뮤니케이션 기술을 연마하는 수단으로 사용한다'처럼 다른 역할을 정해도 상관없다. 특히 어떤 분류도 떠오르지 않는다면, 모든 블록을 하나로 정리한 뒤 '조직의 행복을 끌어올린다'처럼 보다 큰 역할을 설정하는 것도 가능하다. 어디까지나 당신에게 가장 크게 느껴지는 역할을 선택하자.

(7) 액션 플랜

끝으로 '향후 구체적으로 어떤 행동을 취할까'를 생각해보자. 앞에서 완성한 잡 크래프팅 도표를 보면서, 당신이 정한 역할을 다하기 위해 할 수 있을 것 같은 내용을 종이에 적어보자.

액션 플랜을 생각할 때는 다음과 같은 워크 시트를 채워보자. 이는 일리노이대 등이 임직원의 업무 관여도를 높이기 위해 개발한 것으로, '보람' 향상에 도움이 되는 명확한 행동 계획과 그 과정에서 발생할 수 있는 문제점을 생각하는 데 도움이 된다.[5]

'잡 크래프팅'의 기본적인 과정은 이상과 같다. 이후에는 마지막에 작성한 액션 플랜에 따라 매일매일의 일을 개선해나간다. '액션 플랜'은 당신이 정한 '역할'을 잘 충족시켜주는 것이라면 뭐든 효과를 볼 수 있다.

워크 시트

1 : 완성된 잡 크래프팅 도표를 현실화하기 위한 명확한 행동은 어떤 것일까?

1-a : 다음 1주일 동안 가능할 듯한 행동은 무엇일까?
- 데이터 입력법에 대해 새로운 피드백을 줄 수 있는 사람을 리스트업한다
- 고객에게 보내는 정형화된 메일을 더 친밀감 있는 내용으로 바꿔 쓴다
- 보고서 도판 작성을 위해 새로운 그림 소프트웨어를 사용한다

1-b : 다음 1개월 동안 가능할 듯한 행동은 무엇일까?
- 과거 문의 내용과 대답(QA) 사례를 정리한 데이터베이스를 구축한다
- 부서별로 다른 매출 보고서 형식을 하나로 정리한다
- 주요 고객의 흥미나 취미를 조사해 정리한다

---

2 : 완성된 잡 크래프팅 도표를 현실화하기 위해 도와줄 수 있는 사람을 구체적으로 3명 들어보자. 그들에게 언제 어떻게 도움을 의뢰할까?
- 다음 주말 베테랑 A씨에게 업무 개선 매뉴얼을 체크해달라고 의뢰한다
- 디자이너 B씨에게 도판 작성 소프트웨어 사용법을 내일 중으로 묻는다
- 기획 개발 업무를 담당하는 C씨에게 작업 흐름도 확인을 다음 주까지 의뢰한다

---

3 : 완성된 잡 크래프팅 도표를 현실화할 때 어떤 어려움이나 장애물이 있을 거라 생각하는가? 그 어려움과 장애물을 피하기 위해 어떤 전략을 사용할 수 있을까?

3-a : 구체적인 어려움이나 장애물은 어떤 것일까?
- 개선에 드는 시간을 너무 많이 사용해 서류 작성에 들이는 시간이 줄어들지 모른다
- 타 부서와 갑작스러운 업무 협의가 잦아지면 상사에게 안 좋은 인상을 줄지 모른다
- 새로운 보고서 작성법을 위해 어느 정도의 예산은 필요하지만 신청이 안 될지도 모른다

3-b : 어려움이나 장애물이 생긴 경우 어떤 전략으로 극복할 수 있을까?
- 사전에 잡 크래프팅용 할당 시간에 제한을 만들어둔다
- 주변에도 잡 크래프팅 방법을 전해 우호적인 동료 그룹을 만들어둔다
- 추가적인 예산을 쓰지 않고 비슷한 목표를 달성할 수 있는 방법을 타 부서 쪽에 물어본다

예를 들어 심리학자인 애덤 그랜트_{Adam Grant}가 시도한 연구에서는 C대학 콜센터의 자금 조달 담당자들에게 '등록금 마련에 어려움을 겪는 학생을 돕는다'는 역할을 의식하게 만든 뒤 '기부금으로 학비 지원을 받는 장학생과 면담하라'고 구체적인 행동을 지시했다.[6] 그러자 이 행동을 지속한 담당자는 '기부 후보자와의 통화 시간이 142%나 늘었으며 대학이 얻은 최종적인 수익도 400%나 올랐다.' 이 현상은 장학생과 실제 만남으로써 '등록금 마련에 어려움을 겪는 학생을 돕는다'는 역할이 충족되었기에 벌어진 것이다.

마찬가지로 자신이 조직이나 여론에 대해 어떤 역할을 하고 싶은지를 생각해 그 니즈를 채우는 행동도 생각해보자. 당신의 '보람'은 확실히 달라질 것이다.

'액션 플랜의 성과'를 체크하는 21개 질문

'잡 크래프팅'은 액션 플랜을 세우는 것이 끝이 아니다. 그 액션이 정말로 일의 행복도 상승으로 이어지는지를 확인하고, 만일 그렇지 않은 경우에는 정기적으로 수정할 필요가 있다.

여기서 도움이 되는 게 '잡 크래프팅 척도'다. 유럽과 미국에서 사용되는 테스트를 조정한 것으로, 당신이 '잡 크래프팅을 바르게 실천할 수 있는지'를 수치로 파악할 수 있다.

정확도 검증 역시 몇 차례나 이뤄져, 2016년에는 일본 직장인 972명을 대상으로 한 조사에서도 '이 척도를 사용하면 잡 크래프팅의 성공도를 정확하게 판단할 수 있다'는 결과까지 나왔다.[7] 당신의 '보람'을 바르게 높이기 위해서라도 '잡 크래프팅 척도'를 통한 효과 측정을 실시해보자.

여기 바로 그 테스트를 게재해본다. 전체 21개 문항으로 구성되어, 이를 5점 만점 기준으로 채점한다. 액션 플랜을 실천한 뒤 직장에서의 행동이 어떻게 바뀌었는지(또는 바뀌지 않았는지)를 생각하면서 가장 적합한 점수를 매겨보자.

잡 크래프팅 척도

1   나는 내 능력을 키우려 하고 있다
2   나는 나 자신의 전문성을 높이려 하고 있다
3   나는 일에서 새로운 것을 배우려 하고 있다
4   나는 내 능력을 최대한 살릴 수 있도록 심혈을 기울이고 있다
5   나는 내 일의 방식을 스스로 정하고 있다
6   나는 일 때문에 사고력이 지나치게 소모되지 않도록 하고 있다
7   나는 일 때문에 감정적으로 긴장하지 않도록 심혈을 기울이고 있다
8   나는 내 기분을 심란하게 만들 것 같은 사람과의 관계를 가능한 줄일 수 있도록
    내 일에 몰두하고 있다
9   나는 비현실적인 요구를 하는 사람과의 관계를 가능한 줄일 수 있도록
    내 일을 조정하고 있다
10 나는 어려운 결단을 많이 하지 않아도 되게끔 내 일을 조정하고 있다

11	나는 장시간에 걸쳐 집중하지 않아도 되게끔 내 일을 조정하고 있다
12	나는 상사에게 나를 지도해주도록 요구한다
13	나는 상사가 내 일에 만족하는지를 묻는다
14	나는 상사에게 일과 관련된 기회를 요구한다
15	나는 일의 성과에 대한 피드백을 다른 이에게 요구한다
16	나는 동료에게 조언을 구한다
17	재미있을 것 같은 기획이 있을 때는 적극적으로 프로젝트 멤버로 지원한다
18	일에서 새로운 발전이 있다면 서둘러 그것을 조사하고 스스로 시험해본다
19	지금 하는 일에서 할 일이 별로 없을 때는 새로운 프로젝트를 시작할 기회로 여긴다
20	나는 금전적인 대가가 추가되지 않아도 내게 부여된 일을 솔선수범해서 처리한다
21	나는 직무의 다양한 측면이 연결된 점을 잘 생각하면서 내 일이 더욱 도전할 만한 가치와 보람이 있도록 한다

1점 : 전혀 아니다 / 2점 : 간혹 그렇다 / 3점 : 보통이다 / 4점 : 자주 있다 / 5점 : 매우 그렇다

점수 판단법

다음 질문의 구간마다 점수를 합계해 각각의 평균점을 내보자.

- 1~5번 / 6~11번 / 12~16번 / 17~21번

이것으로 채점은 끝난다. 각각의 질문 구간은 다음과 같은 포인트를 반영하고 있다.

- 1~5번 : 구조적인 업무 자원의 향상
  자신의 능력을 높이기 위해 노력하며 일에서 자기 기술을 살릴 수 있도록
  의식하고 있는가?

- 6~11번 : 방해되는 업무 요구도의 감소
  부정적인 감정을 컨트롤해 그런 기분을 일으키는 사람과의 관계를 피하고 있는가?

- 12~16번 : 대인관계에서 업무 자원의 향상
  상사, 동료들과 직장에서 좋은 관계를 쌓을 수 있는가?

- 17~21번 : 도전적인 업무 요구도의 향상

이상의 포인트를 참고하면서 '지금 하는 일이 재미없는 건 어떤 요소가 부족하기 때문인지', 혹은 '어떤 요소를 개선하면 보다 즐겁게 일할 수 있을지' 생각해보자. 여기서 개선 포인트를 발견했다면, 재차 '잡 크래프팅'을 실시해 약점을 보완할 수 있는 액션 플랜을 생각해봐도 좋다. 이때 장점을 더 키울지, 아니면 부족한 부분을 보충할지는 자기 판단 여하에 달렸지만, '잡 크래프팅 척도'만큼은 1~3개월마다 반복해보자.

주의해야 할 '잡 크래프팅의 2대 약점'

물론 세상 어디에도 완전무결한 테크닉이란 존재하지 않는다. 지루한 일에서 열정을 끌어내고 싶다면 '잡 크래프팅'이 최선의 방법이지만 역시 일정한 한계도 존재한다. 일의 의미와 구성을 재구축할 때 반드시 2가지를 주의하자.

❶ 열정과 목적의식을 높이는 데 그친다

일에 대한 열정과 목적의식을 높이는 게 '잡 크래프팅'의 요점이지만, 지나칠 경우 문제를 일으키기도 한다. 그중에서 가장 자주 벌어지는 일이 '과제를 재구축하는 작업이 즐거운 나머지 액션 플랜을 너무 많이 늘려버리는' 케이스다. 일에 대한 열정이나 목적의식을 되살리는 것까진 좋은데, 매일매일의 업무에 스트레스가 늘어 최종적으로는 번

아웃 증후군(Burnout Syndrome, 의욕적으로 일에 몰두하던 사람이 극도의 신체적, 정신적 피로감을 호소하며 무기력해지는 현상—옮긴이)에 빠지는 사람을 자주 발견할 수 있다.

산업심리학에서는 '일에 열정을 쏟는 사람일수록 번아웃되기 쉽다'는 사실이 잘 알려져 있다. 번아웃 증후군은 누구에게나 벌어질 수 있는 현상이지만, 그중에서도 발생률이 높은 건 '목적의식을 갖고 일에 과도하게 빠져드는 사람'이다.

3,715명을 대상으로 한 연구에서는 '높은 목표를 세운 경영자나 의사, 교사 등은 일을 시작한 시점에서 행복도가 높았지만, 그 경력이 길어질수록 스트레스가 폭증하고 분노나 불안 등의 감정이 늘어나는 경향이 있었다.'[8] 심리학자인 텍사스대 데이비드 화이트사이드David Whiteside 교수는 "내 일에 대한 열정과 관심을 깨닫는 건 확실히 이점이지만, 한편으로는 장기적인 번아웃 증후군과도 연관되기 쉽다"고 지적한다. 과도한 열정 탓에 매일매일의 임무가 늘어 워라밸이 깨져버린 것이다.

WHO(세계보건기구) 정의에 따르면, 번아웃 증후군의 특징은 크게 3가지로 나뉜다.

① 동기 부여가 거꾸로 낮아진다.
② 자기 일에 대해 부정적인 감정이나 불신감이 생긴다.
③ 일의 효율이 눈에 띄게 떨어진다.

'잡 크래프팅' 이후 비슷한 징후가 나타나는 경우 액션 플랜을 재검토하자. '일에 대한 열정'은 아무쪼록 정확한 상황이나 적당한 수준을 잘 지키며 사용해야 한다.

❷ '보람 착취'에 주의한다

'보람 착취(일종의 열정페이)'라는 말을 들어본 적이 있을 것이다. '일에 대한 열정이 큰 임직원을 (그걸 빌미로) 혹사시키고, 부당하게 저임금으로 일하도록 만드는 행위'를 총칭하는 말이다.

'보람 착취'는 전 세계적으로 볼 수 있는 현상인데, 오클라호마주립대의 메타 분석에서는 '일에 대한 열정을 쏟는 임직원일수록 무급으로 장시간 노동을 강요받거나 본래 업무와는 무관한 행정 사무, 사무실 청소까지 하게 만든다'는 사실이 확인되었다.[9]

이러한 현상이 벌어지는 이유는 간단하다. 바로 사람의 마음속에 '열정이 있는 사람은 착취해도 된다'는 생각이 무의식중에 생기는 편향 때문이다. 앞서 이야기한 메타 분석에서는 인터뷰 조사를 통해 이러한 경향이 한층 더 두드러졌다.

- 예술가, 사회복지사처럼 열정적인 사람이 많은 업계일수록 '노동 환경이 좋지 않은 곳에서 일하는 게 당연하다. 왜냐하면 본인의 의욕이 충분하기 때문'이라고 답한 사람이 많았다.
- 열정이 없는데 열악한 환경에서 일하는 사람을 본 경우에도 '저

딯게 환경이 좋지 않은 곳에서 일하는 길 보면 그 사람은 동기
부여가 충분할 거'라 여기는 사람이 많았다.

결국 많은 사람들이 '열심히 일하는 사람은 착취당해도 어쩔 수 없
다'는 생각을 갖다 보니, 블랙기업에서 일하는 사람을 봐도 '좋아서 하
는 일이니까 어쩔 수 없다'는 식의 편향을 갖기 마련이다.

이 문제는 '잡 크래프팅'에도 예외가 없어, 동물원 157개를 대상으
로 한 연구에서도 평소 일의 '보람'을 높이려는 사람에게 동료보다 임
금이 낮고 온갖 잡일을 전가하기 쉬운 경향을 볼 수 있었다.[10] '잡 크
래프팅'으로 높아진 열정이 기업에게 악용될 우려가 있는 것이다.

스텝 2, 3에서도 확인했듯 '조직 내부의 불공평함'은 당신의 행복도
를 낮추는 커다란 요소 중 하나다. 당연하지만 '잡 크래프팅'을 블랙기
업에 계속 있도록 하는 수단으로는 절대 사용하지 않도록 하자.

**'지금 하고 있는 일이 괜찮을까' 불안하다면
현 상황의 만족도를 측정한다.
그리고 필요에 따라 '보람'을 조정한다**

직업 만족도를 판단하는 2가지 척도

1. 계층 분석을 재조정한다
2. '직업 만족 척도'를 사용한다

직업 만족도를 높이는 행동 계획

1. 현황 분석
2. 현황 분석의 성찰
3. 동기와 기호 선택
4. 과제 크래프팅
5. 관계성 크래프팅
6. 인지 크래프팅
7. 액션 플랜
  → 실천 후 '잡 크래프팅 척도'로 효과를 체크한다

나오며

이 책은 전체 내용이 하나로 연결된 형식으로 구성되어 있다. 여기서 다룬 기법(테크닉)만 이해하려 해도 복잡하기 때문에, 실천할 때 마치 길을 헤매는 듯한 기분이 드는 이도 적지 않을지 모른다.

이러한 고충을 이해하기에 마지막으로 한 번 더 'AWAKE'의 포인트를 간략히 정리해본다. 이 책을 실천하는 데 어려움을 겪을 때는 일단 내용 요약을 보면서 '내가 지금 무엇을 하고 있는지', 혹은 '우선적으로 사용해야 할 기법이 무엇인지'를 확인해보자.

스텝 1. 환상에서 깨어나라(Access the truth)

가장 처음 다룬 '7가지 잘못'은 우리가 적합한 직업 선택 과정에서 빠지기 쉬운 '편견/선입관'을 총망라하고 있다. 이러한 '편견/선입관'에서 완전히 자유로워지는 건 어렵기 때문에, 이후 자신도 모르는 사이 좋아 보이는 일이나 재미있는 일을 찾으려 한다. 그럴 때는 이 단계의 '7가지 잘못' 부분을 다시 읽어보자.

스텝 2. 미래를 넓혀라(Widen your future)

여기서 다룬 테크닉 중에는 '8가지 질문'이 당신의 미래를 넓힐 수 있는 가장 큰 힘을 준다. 따라서 '7가지 덕목'을 파악한 뒤, 이 '8가지 질문'만이라도 확실히 실천해보자. 다만 이 시점에서 아직 일의 커다란 방향성이 보이지 않을 때는 '덕목 주의'를 사용해 대략적으로나마 미래를 생각해본다.

스텝 3. 악을 피하라(Avoid evil)

이 스텝에서는 '계층 분석'을 최강의 툴로 다루고 있지만, 아직 그렇게까지 진지하게 생각하지 않는 단계라면 '매트릭스 분석'을 사용해 현재 후보군을 잠정적으로 좁혀보자. 물론 이때 '직장의 8대 악'을 고려하는 것도 잊지 않는다.

스텝 4. 편향을 극복하라(Keep human bias out)

본격적으로 편향 문제에 맞서고 싶다면 '3인칭 노트'를 추천한다. 내 의사 결정을 객관적으로 보는 게 중요하기 때문에 취업이나 이직의 기본 툴로 사용할 수 있다. 또 연구 사례가 많은 건 '360도 피드백'과 '프리모텀'이다. 이 2가지를 중심으로 사용하면서 상황에 따라 '10-

10-10 테스트'나 '친한 친구 이미징' 등도 추가해보자.

스텝 5. 보람을 재구축하라(Engage in your work)

마지막 스텝에서는 '직업 만족 척도'를 정기적으로 실시해 자기 일을 꾸준히 재검토하는 것이 좋다. 그 결과에 따라 수시로 '잡 크래프팅'을 실시해 '보람'을 조정한다.

'AWAKE'의 포인트는 이상과 같다. 여기까지 하면 당신의 의사 결정력은 확실히 높아져, 내게 맞는 직업을 선택할 수 있는 확률도 크게 높아진다. 그리고 그 결과 인생의 행복도도 높아질 것이다.

다만 여기서 한 가지 기억해둘 건, 만일 'AWAKE'를 완벽히 실천해도 '커리어에 대한 불안'이 되살아나는 순간은 반드시 생긴다는 점이다. 'AWAKE'를 잘 실천하면 인생의 성공률이 높아지지만, 그렇다고 '적합한 직업 선택'에 절대적인 정답이란 있을 수 없다. 아무리 전문가라 해도 미래 예측의 정확도는 동전 던지기 정도밖에 안 된다는 건 앞서 스텝 1에서 소개한 대로다. 아무리 정밀하고 치밀한 분석법으로 커리어 계획을 짜더라도, 아무리 우수한 의사 결정 툴을 사용하더라도 반드시 실패와 좌절의 순간은 찾아온다.

안타깝지만, 이 문제를 해결하는 묘약이란 존재하지 않는다. 다만 현 시점에서 가장 도움이 되는 건 '커리어 드리프트 Career Drift'라는 사고방식이다. 이는 일본 고베대 대학원의 가나이 토시히로[金井壽宏]

교수가 제창한 아이디어로 다음과 같은 포인트로 성립된다.[1]

① 인생은 예측 불가능한 이벤트의 연속이며, 사전 계획대로 진행되는 경우는 거의 없다.
② 그러므로 자기 커리어에 대해 사전에 세밀히 정해두기보다 커다란 방향성만 정해두는 게 낫다.
③ 일단 방향성을 정하면, 이후에는 인생에서 벌어지는 우연과 예기치 못한 일에 유연하게 대응하면서 커리어를 쌓아가는 게 좋다.

'어차피 인생은 예측할 수 없기 때문에 안 되는 일을 억지로 컨트롤하지 말고, 큰 방향성만 정한 뒤 흐름에 몸을 맡기는[drift] 것이 가장 좋다'는 말이다. 굳이 데이터의 도움을 빌리지 않아도 이 생각이 맞다는 건 확실하다.

종신고용, 연공서열 등의 제도가 기능하던 시대도 끝났고, AI 대중화나 경기 악화 등을 통해 시장이 끊임없이 변화하는 현 시대에는 아무리 화려하게 커리어 계획을 짜둔다 해도 원래 계획대로 이뤄지기 어렵다. 오히려 그보다는 상황이 바뀔 때마다 '커리어에 대한 의구심과 불안만 더욱 가중될 것이다. 그렇다면 우리가 어찌할 수 없는 사안은 흐름에 맡기는 편이 더 낫지 않을까.

스탠퍼드대 존 크럼볼츠John Krumboltz 교수는 '커리어의 80%는 생각지 못한 일로 결정된다'고 추정했다.[7] 거리어 선택이 계획대로 진행되는 경우는 전체의 20% 수준에 불과하고, 나머지 80%는 생각지 않은 만남과 예기치 않은 이벤트로 좌우되는 것이다. 이 수치는 나라나 시대별로 조금씩 다르겠지만, 향후 전망이 불투명한 현재로선 우연의 중요성이 더욱 높아지는 건 틀림없다.

정리하자면 '커리어 드리프트'란 다음과 같은 과정으로 이뤄진다.

❶ 인생의 전환점(터닝 포인트)에 서게 되면 'AWAKE' 스텝을 사용해 의사 결정한다

❷ 그 밖의 타이밍에는 그저 흐름에 몸을 맡긴 채 매일매일의 임무(일)에 집중한다

여기서 말하는 '전환점(터닝 포인트)'이란 취업이나 이직, 결혼, 투병, 출산처럼 지금까지의 인생을 바꿔야 하거나, 인생의 목표를 재조정할 필요가 있는 타이밍을 가리킨다. 이런 '전환점(터닝 포인트)'에서는 'AWAKE' 스텝에서 바른 선택지를 택할 확률을 높여두고, 일단 특정한 선택지를 고르면 이후에는 매일매일을 즐기는 마음으로 우연에 몸을 맡긴다.

그렇다고 무계획인 채 향락적으로 살라는 것도 아니고, 직업에 대한 환상을 계속 좇으라는 것도 아니다. 그저 눈앞의 선택지를 신중히

생각한다면, 이후에는 인생 흐름에 몸을 맡긴 채 일상에 충실한다. 바로 이것이 직업 선택에서 '내 할 일을 다하고 하늘의 뜻을 기다리는(진인사 대천명)' 바른 자세다.

만일 앞으로 살아가다 문득 미래 커리어에 대한 불안이 생긴다면 꼭 'AWAKE' 스텝을 기억했다가 실천해보자. 그 결과 당신의 매일매일이 조금이라도 즐거워진다면 좋고, 인생의 후회를 조금이라도 줄일 수 있다면 그 이상의 기쁨은 없을 것이다.

부디 여러분 모두의 행복을 기원하며 글을 마치고자 한다.

참고문헌

STEP 0

1. Karl Pillemer(2012)30 Lessons for Living: Tried and True Advice from the Wisest Americans

2. Groysberg, Boris, and Robin Abrahams(2010)Five Ways to Bungle a Job Change

3. Paul C. Nutt(1993)The Identification of Solution Ideas During Organizational Decision

STEP 1

1. Patricia Chen, Phoebe C. Ellsworth, Norbert Schwarz(2015)Finding a Fit or Developing It: Implicit Theories About Achieving Passion for Work

2. Kira Schabram and Sally Maitlis(2016)Negotiating the Challenges of a Calling: Emotion and Enacted Sensemaking in Animal Shelter Work

3. Michael M. Gielnik, Matthias Spitzmuller, Antje Schmitt, D. Katharina Klemann and Michael Frese(2014)"I Put in Effort, Therefore I Am Passionate": Investigating the Path from Effort to Passion in Entrepreneurship

4. Cal Newport(2016)So Good They Can't Ignore You

5. Paul A. O'Keefe et al.(2018)Implicit Theories of Interest: Finding Your Passion or Developing It?

6. Timothy A.Judge,Ronald F.Piccolo,Nathan P.Podsakoff,John C.Shaw,Bruce L.Rich(2010)The relationship between pay and job satisfaction: A meta-analysis of the literature

7. William Fleeson(2004)Moving Personality Beyond the Person-Situation Debate: The Challenge and the Opportunity of Within- Person Variability

8. Richard J. Ball and Kateryna Chernova(2005)Absolute income, relative income, and happiness

9. 내각부(2019)〈만족도 · 생활의 질에 관한 조사〉에 대한 제1차 보고서

10. Daniel W. Sacks, Betsey Stevenson, Justin Wolfers(2010)Subjective Well-Being, Income, Economic Development and Growth

11. Patric Diriwaechter,Elena Shvartsman(2018)The anticipation and adaptation effects

of intra- and interpersonal wage changes on job satisfaction

12. Christopher J Boyce, Gordon D A Brown, Simon Christopher Moore(2010)Money and Happiness: Rank of Income, Not Income, Affects Life Satisfaction

13. Philip E. Tetlock(2005)Expert Political Judgment: How Good Is It? How Can We Know?

14. Jordi Quoidbach, Daniel T. Gilbert, Timothy D. Wilson (2013) The End of History Illusion

15. Alba Fishta, Eva-Maria Backé(2015)Psychosocial stress at work and cardiovascular diseases: an overview of systematic reviews

16. Jane Ferrie, Martin J Shipley, George Davey Smith,Stephen A Stansfeld(2002) Health Inequalities among British civil servants: the Whitehall II study

17. Jennifer Kavanagh(2005)Stress and Performance:A Review of the Literature and Its Applicability to the Military

18. http://enneagramuserguide.com/article/enneagram-accuracy

19. David Pittenger(2005)Cautionary Comments Regarding the Myers-Brigg Type Inventory

20. William L. Gardner, M. J. Martinko(1996)Using the Myers-Briggs Type Indicator to Study Managers: A Literature Review and Research Agenda

21. Van Iddekinge CH et al.(2011)Are you interested? A meta-analysis of relations between vocational interests and employee performance and turnover

22. Bruce Burns(2004)The effects of speed on skilled chess performance

23. Nicole L.Wood, Scott Highhouse(2014)Do self-reported decision styles relate with others' impressions of decision quality?

24. Radford, M.H.B, Mann,L, 오타 야스유키, 나카네 요시부미(1989)개인의 의사결정 행위와 인격 특성(제1보)

25. Frank L. Schmidt(2016)The Validity and Utility of Selection Methods in Personnel Psychology: Practical and Theoretical Implications of 100 Years of Research Findings

26. Asplund, J., Lopez, S. J., Hodges, T., & Harter, J.(2007)The Clifton StrengthsFinder 2.0 technical report: Development and validation. Princeton, NJ: Gallup

27. Christopher Peterson, John Paul Stephens, Fiona Lee, Martin E P Seligman(2009) Strengths of Character and Work

STEP 2

1. Stephen E. Humphrey, Jennifer D. Nahrgang and Frederick P. Morgeson(2007)Integrating Motivational, Social, and Contextual Work Design Features: A Meta-Analytic Summary and Theoretical Extension of the Work Design Literature

2. Colin Ward, David Harvey(1973)Anarchy in Action

3. Blossom Yen-Ju Lin, Yung-Kai Lin, Cheng-Chieh Lin, Tien-Tse Lin(2011)Job autonomy, its predispositions and its relation to work outcomes in community health centers in Taiwan

4. MG Marmot, H Bosma, H Hemingway,E Brunner, S Stansfeld(1997)Contribution of job control and other risk factors to social variations in coronary heart disease incidence

5. Daniel Wheatley(2017)Autonomy in Paid Work and Employee Subjective Well-Being

6. Amabile, T., Kramer, S. (2011) The Power of Small Wins

7. Ran Kivetz, Oleg Urminsky, Yuhuang Zheng(2006)The Goal-Gradient Hypothesis Resurrected: Purchase Acceleration, Illusionary Goal Progress, and Customer Retention

8. Heidi Grant Halvorson, E. Tory Higgins(2014)Focus: Use Different Ways of Seeing the World for Success and Influence

9. Heidi Grant Halvorson E. Tory Higgins(2013)Do You Play to Win-or to Not Lose?

10. Klodiana Lanaj et al.(2012)Regulatory focus and work-related outcomes: a review and meta-analysis

11. 미츠무라 미사코, 다카기 히로토(2015)직무 특성과 제어초점이 학생 아르바이트의 동기 부여에 미치는 영향

12. 오자키 유카, 가라사와 가오리(2011)자기평가와 접근회피 지향의 관계−제어초점 이론에 기초한 검토, 심리학연구, 82(5), 450−458

13. Joel Goh, Jeffrey Pfeffer, Stefanos A. Zenios(2015)The Relationship Between Workplace Stressors and Mortality and Health Costs in the United States

14. Ashley E. Nixon, Joseph J. Mazzola,Jeremy Bauer,Jeremy R. Krueger, Paul/Spector(2011)Can work make you sick? A meta-analysis of the relationships between job stressors and physical symptoms

15. Brickman, Philip, Dan Coates, and Ronnie Janoff-Bulman.(1978)Lottery winners and accident victims: Is happiness relative?

16. Fried, Yitzhak Ferris, Gerald R.(1987)The validity of the Job Characteristics Model: A review and meta-analysis

17. Tom Rath(2006)Vital Friends: The People You Can't Afford to Live Without

18. Humphrey SE, Nahrgang JD, Morgeson F.P.(2007)Integrating motivational, social, and contextual work design features: a meta-analytic summary and theoretical extension of the work design literature

19. André Nyberg, Lars Alfredsson, Mika Kivimäki(2009)Managerial leadership and ischaemic heart disease among employees: the Swedish WOLF study

20. Michael Housman, Dylan Minor(2015)Toxic Workers

21. Toni Alterman et al.(2019)Trust in the Work Environment and Cardiovascular Disease Risk: Findings from the Gallup-Sharecare Well-Being Index

22. Tom W. Smith(2007)Job Satisfaction in the United States

23. Peggy A. Thoits, Lyndi N. Hewitt(2001)Volunteer work and well-being

24. Stephen E. Humphrey, Jennifer D. Nahrgang and Frederick P. Morgeson(2007)Integrating Motivational, Social, and Contextual Work Design Features: A Meta-Analytic Summary and Theoretical Extension of the Work Design Literature

25. Nelson, S. K., Layous, K., Cole, S. W., Lyubomirsky, S.(2016)Do unto others or treat yourself? The effects of prosocial and self-focused behavior on psychological flourishing

STEP 3

1. John M. Gottman, James Coan, Sybil Carrere, Catherine Swanson(1998)Predicting Marital Happiness and Stability from Newlywed Interactions

2. Arménio Rego, Filipa Sousa,Carla Marques, Miguel Pina e Cunha(2011)Optimism predicting employees' creativity: The mediating role of positive affect and the positivity ratio

3. Joel Goh, Jeffrey Pfeffer, Stefanos A. Zenios(2015)The Relationship Between Workplace Stressors and Mortality and Health Costs in the United States

4. Guadi M, Marcheselli L, Balduzzi S, Magnani D, Di Lorenzo R(2016)The impact of shift work on the psychological and physical health of nurses in a general hospital: a comparison between rotating night shifts and day shifts

5. Jean-Claude Marquie et al.(2013)Chronic effects of shift work on cognition: Find-

ings from the VISAT longitudinal study

6. Bruno S. Frey(2004)Stress That Doesn't Pay: The Commuting Paradox

7. Javier Lopez-Zetina(2006)The link between obesity and the built environment. Evidence from an ecological analysis of obesity and vehicle miles of travel in California

8. Thomas James Christian(2009)Opportunity Costs Surrounding Exercise and Dietary Behaviors: Quantifying Trade-offs Between Commuting Time and Health-Related Activities

9. Mika Kivimäki et al.(2014)Long working hours, socioeconomic status, and the risk of incident type 2 diabetes: a meta-analysis of published and unpublished data from 222 120 individuals

10. Marianna Virtanen et al.(2011)Long working hours and symptoms of anxiety and depression: a 5-year follow-up of the Whitehall II study

11. Ariane G. Wepfer et al.(2017)Work-Life Boundaries and Well-Being: Does Work-to-Life Integration Impair Well-Being through Lack of Recovery?

12. Mark Cropley et al.(2017)The Association between Work-Related Rumination and Heart Rate Variability: A Field Study

13. Alex J. Wood Vili Lehdonvirta Mark Graham(2018)Workers of the Internet unite? Online freelancer organisation among remote gig economy workers in six Asian and African countries

14. James A. Evans, Gideon Kunda and Stephen R. Barley(2004)Beach Time, Bridge Time, and Billable Hours: The Temporal Structure of Technical Contracting

15. Benedicte Apouey et al.(2019)The Effects of Self and Temporary Employment on Mental Health: The Role of the Gig Economy in the UK

16.Cheryl Carleton, Mary Kelly(2018)Alternative Work Arrangements and Job Satisfaction

17. Julianne Holt-Lunstad, Timothy B. Smith, J. Bradley Layton(2010)Social Relationships and Mortality Risk: A Meta-analytic Review

18. Boris Groysberg, Robin Abrahams(2010)Five Ways to Bungle a Job Change

19. Jian-Bo Yang, Dong-Ling Xu(2002)On the evidential reasoning algorithm for multiple attribute decision analysis under uncertainty

20. Thomas L.Saaty(2001)Fundamentals of Decision Making and Priority Theory With the Analytic Hierarchy Process

STEP 4

1. Dan Lovallo, Olivier Sibony(2010)The case for behavioral strategy

2. 대니얼 카너만(2012)Fast & Slow

3. Suzy Welch(2009)10-10-10: A Life-Transforming Idea

4. Chernyak, N., Leech, K. A., & Rowe, M. L.(2017)Training preschoolers' prospective abilities through conversation about the extended self

5. Mitchell, D. J., Russo, J. E., & Pennington, N.(1989)Back to the future: Temporal perspective in the explanation of events

6. Igor Grossmann, Anna Dorfman, Harrison Oakes, Henri C. Santos, Kathleen D. Vohs(2019)Training for Wisdom: The Illeist Diary Method

7. Joshua J. Jackson, James J. Connolly, S. Mason Garrison(2015)Your Friends Know How Long You Will Live: A 75-Year Study of Peer-Rated Personality Traits

8. Bernard M. Bass, Francis J. Yammarino(2008)Congruence of Self and Others' Leadership Ratings of Naval Officers for Understanding Successful Performance

9. Nicholas O. Rule, Nalini Ambady(2008)The Face of Success: Inferences from Chief Executive Officers' Appearance Predict Company Profits

10. Nicholas O. Rule, Nalini Ambady(2011)Face and fortune: Inferences of personality from Managing Partners' faces predict their law firms' financial success

11. Ilana Gershon(2018)Down and Out in the New Economy: How People Find(or Don't Find) Work Today

12. Korn Ferry(2004)Patterns of rater accuracy in 360-degree feedback

13. Igor Grossmann, Ethan Kross(2014)Exploring Solomon's Paradox: Self-Distancing Eliminates the Self-Other Asymmetry

14. Susan J. Ashford, Anne S. Tsui(2010)Self-Regulation for Managerial Effectiveness: The Role of Active Feedback Seeking

STEP 5

1. T S Nanjundeswaraswamy(2019)Development and validation of job satisfaction scale for different sectors

2. Luigi Brocca(2019)Job Crafting, Work Engagement & Job Satisfaction: Un modello di mediazione delle nuove sfide al lavoro

3. Library of Congress(1989)Respectfully Quoted: A Dictionary of Quotations

4. Cort W.Rudolph et al.(2017)Job crafting: A meta-analysis of relationships with individual differences, job characteristics, and work outcomes

5. Meredith Myers et al.(2019)Job Crafting™ Booklet

6. Adam M.Grant et al.(2007)Impact and the art of motivation maintenance: The effects of contact with beneficiaries on persistence behavior

7. Hisashi Eguchi, Akihito Shimazu, Arnold B. Bakker, Maria Tims, Kimika Kamiyama, Yujiro Hara, Katsuyuki Namba, Akiomi Inoue, Masakatsu Ono, Norito Kawakami(2016)Validation of the Japanese version of the job crafting scale

8. Jennifer Moss(2019)When Passion Leads to Burnout

9. Jae Yun Kim, Troy H. Campbell, Steven Shepherd, Aaron C. Kay(2019)Understanding contemporary forms of exploitation: Attributions of passion serve to legitimize the poor treatment of workers

10. J. Stuart Bunderson, Jeffery A. Thompson(2009)The Call of the Wild: Zookeepers, Callings, and the Double-edged Sword of Deeply Meaningful Work

나오며

1. 가나이 토시히로(2002)직장인을 위한 커리어 디자인
2. 존 크럼볼츠(2005)행운은 우연이 아니다

올댓북스의 책

옥스퍼드, 천년의 가르침

"근소한 차이가 쌓여
결정적인 차이가 된다"

오카다 아키토 지음 | 이수형 옮김
256쪽 | 13,500원

나이들어도 스타일나게
살고 싶다

나이들었어도 혼자여도 얼마든지
행복할 수 있다

쇼콜라 지음 | 이진원 옮김
184쪽 | 12,000원

뉴욕 최고의 퍼스널 쇼퍼가 알려주는
패션 테라피

세월이 흘러도 변치 않는
경쟁력 있는 패션의 정석

베티 할브레이치, 샐리 웨디카 지음
최유경 옮김 | 272쪽 | 13,900원

프랑스 사람은
지우개를 쓰지 않는다

이와모토 마나 지음 | 윤경희 옮김
240쪽 | 14,000원

말하기 힘든 비밀

마음을 치유하는 심리학

왕바오형 지음 | 박영란 옮김
304쪽 | 15,000원

내 손 안의 교양 미술

나만의 도슨트를 만나는 미술 감상 입문서

펑쯔카이 지음 | 박지수 옮김
224쪽(올컬러) | 14,000원

미녀들의 초상화가 들려주는
욕망의 세계사

사랑과 비극, 욕망이 뒤엉킨
드라마 같은 세계사

기무라 다이지 지음 | 황미숙 옮김
240쪽(올컬러) | 14,000원

문학의 도시, 런던

런던 곳곳을 찾아
문학 속으로 떠나는 여행

엘로이즈 밀러, 샘 조디슨 지음
이정아 옮김 | 368쪽 | 16,500원

침대 위의 세계사

인류의 침대에서 벌어졌던
무궁무진한 이야기들이 펼쳐진다!

브라이언 페이건, 나디아 더러니 지음
안희정 옮김 | 344쪽 | 18,000원

더 베스트 커리어

초판 1쇄 발행 2021년 3월 10일

지은이 l 스즈키 유
옮긴이 l 이수형
디자인 l 아르케
인쇄 · 제본 l 한영문화사

펴낸이 l 이영미
펴낸곳 l 올댓북스
출판등록 l 2012년 12월 4일(제 2012-000386호)
주 소 l 서울시 마포구 연희로 19-1, 6층(동교동)
전 화 l 02)702-3993
팩 스 l 02)3482-3994

ISBN 979-11-86732-53-3(13190)